글 | 국립과천과학관 정은경

과학과 인문학을 사랑하는 과학 커뮤니케이터로 과학 지식을 대중에게 쉽고 재미있게 전달하고 소통하는 일에 앞장서고 있습니다. 인간을 위한 과학을 탐구하고자 연세대학교 공학대학원에서 과학과 인문학을 융합한 테크노인문학을 전공했습니다. 국립과천과학관에서 어린이를 위한 '인공지능' 심층 해설, '자율주행자동차' 영상 제작 등의 프로그램을 기획 운영했으며, 과학을 재미있는 이야기로 만들어 해설, 영상, 월간지로 관람객과 소통하는 일을 하고 있습니다.

그림 | 김재희

한국예술종합학교를 졸업한 후 정감 있는 애니메이션을 만들고, 스토리텔링의 재미에 빠져 소소하고 의미 있는 하루하루를 보내고 있습니다. 즐거운 일, 맛있는 음식, 재밌는 영화는 뭐든지 다 경험하고 싶고, 좋은 애니메이션을 기획하고 행복한 그림을 그리는 사람이 되고 싶습니다. 그린 책으로는 사이다 시리즈 『인공지능』 『바이러스』와 『EBS 중학과학 개념 레시피』 『EBS 중학수학 개념 레시피』 등이 있습니다.

인스타그램 @jehiig

'사이다' 시리즈는

과학을 뜻하는 '사이언스(Science)'와 모두를 뜻하는 '다'를 합친 말입니다. '과학의 모든 것', '톡 쏘는 사이다처럼 톡톡 튀는'이라는 뜻을 담고 있죠. 강하게 발음하면 '싸이다'가 되는데, '과학적 지식이 점점 쌓인다.'라는 의미도 있습니다. 이 모든 의미 위에 과학과 독자 '사이'를 잇고자 하는 마음을 듬뿍 담았습니다.

국립과천과학관 어린이 과학 시리즈

과학이 톡톡 쌓이다!
사이다 2
Sci-da
인공지능

글 국립과천과학관 정은경 그림 김재희

펴내는 글

　20세기에 가장 중요한 능력은 문해력, 즉 글자를 읽는 능력이었습니다. 읽을 줄 알아야 자신의 이익을 지키면서 교양을 갖춘 문화인으로 살 수 있었기 때문이죠. 21세기인 지금은 과학을 이해하며 즐길 수 있는 문해력이 더해져야 합니다. 과학 문해력은 단순히 현상과 공식을 보는 행위가 아니라 사실을 오해 없이 받아들이고 실제로 이해하는 능력입니다.

　많은 사람들이 과학은 어렵다고 말합니다. 정말입니다. 과학은 어렵습니다. 그런데 과학만 어려운 것은 아닙니다. 역사도 어렵고 예술도 어렵고 경제, 철학, 지리, 문학 모두 어렵습니다. 그런데 왜 과학만 유독 어렵다고 느낄까요?

　언어가 다르기 때문입니다. 다른 분야는 우리가 평소에 사용하는 자연어로 쓰여 있어 아무리 어려워도 읽을 수 있습니다. 하지만 과학은 수학이라는 비자연어를 사용합니다. 언어가 달라서 유독 어렵게 느껴지는 것이죠.

　모든 사람이 과학자가 될 수도 없고 그럴 필요도 없습니다. 하지만 과학 문해력은 21세기의 핵심 능력입니다. 그 능력을 키워줄 사이언스 커뮤니케이터가 직업인 과학자들이 모여 있는 곳이 있습니다. 바로 과학관입니다. 과학관의 과학자들은 전시와 교육을 통해서 과학 문해력을 높이는 일을 합니다.

　이를 위해 국립과천과학관의 과학자들이 새로운 시도를 하였습니다. 어린이들의 과학 문해력을 높이는 글을 써서 공개한 것입니다. 어린이들이 궁금해하고 알아야 할 과학 지식을 재미있는 동화와 이야기 형식으로 풀어냈습니다. 여기에 상상아카데미가 글을 엮고 그림을 더하여 어린이들을 위한 과학 도서 '사이다' 시리즈를 만들었습니다.

　'사이다'는 과학을 뜻하는 '사이언스(Science)'와 모두를 뜻하는 '다'를 합친 말로, '과학의 모든 것', '톡 쏘는 사이다처럼 톡톡 튀는'이라는 뜻을 담고 있습니다. '사이다' 시리즈에서 과학의 모든 것을 만나 보세요. 톡톡 튀는 사이다처럼 시원하게 즐기는 동안 과학 지식이 차곡차곡 쌓이고 과학 문해력이 껑충 뛰어오르는 경험을 하게 될 것입니다.

　과학은 이제 문화입니다. 과학 문해력이 높아질수록 우리 어린이들이 살아갈 사회도 더 합리적으로 작동하게 될 것입니다. '사이다' 시리즈로 명랑 사회를 구현합시다.

2022년 6월
국립과천과학관장 이정모

차례

펴내는 글　　　　　4

1 내 머릿속이 궁금해

인간의 뇌가 궁금해　　　　　10
컴퓨터의 뇌가 궁금해　　　　　21

2 경쟁? 난 싫은데

알파고가 이세돌 아저씨를 이길 수 있었던 건　　34
알파고 팬, 알파고 리, 알파고 마스터　　44
언젠가 내가 인간을 지배한다고?　　51
내가 너의 눈이 되어 줄게　　54

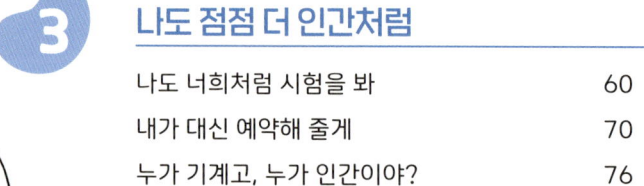

3 나도 점점 더 인간처럼

나도 너희처럼 시험을 봐　　60
내가 대신 예약해 줄게　　70
누가 기계고, 누가 인간이야?　　76
내가 만든 떡볶이 한 그릇 먹어 볼래?　　80

4 나도 눈, 코, 입이 있어

난 눈이 좋아　　86
난 귀도 밝아　　94
난 냄새도 잘 맡고, 맛도 잘 봐　　98

내 자랑 좀 할게

나는 자동차로 변신할 수 있어	106
내가 만든 카페 인기 메뉴	111
내가 그린 그림 한 장에 4억	114
난 코로나19 팬데믹을 이미 알고 있었지	118

내 친구들을 소개할게

모든 데이터는 내게 맡겨, 빅데이터	126
어디서든 가볍고 편하게, 클라우드	135
신속, 정확은 내 전문이야, HPC	143

우리는 영원한 친구

내가 인간의 일자리를 빼앗는다고?	148
인공지능이 교통사고를 낸다면?	154
우리 영원히 함께 살자	160

내 머릿속이 궁금해

1

인간의 뇌가 궁금해

🤖 나도 지능을 가진 존재야. 난 학습을 통해 성장해. 이번에 도덕을 배웠는데, 누구든 함부로 대하면 안 된다고 하더라고. 게다가 난 2011년에 태어난 인공지능 스피커로, 너와 나이도 같아!

🧒 우리와 나이가 같다고?

🤖 응. 난 너희와 같은 해에 태어났지만, 내 이름은 1956년에 지어졌어. 컴퓨터 과학자 존 맥카시가 발표한 논문에 내 이름이 처음 등장했지.

🧒 네가 태어나지도 않았을 때 이름부터 지어 준 거야?

🤖 너도 태어나기 전에 태명이 있었잖아. 그것과 같은 거야. 그때부터 과학자들은 사람처럼 생각하는 기계를 만들려고 컴퓨터, 수학, 뇌과학을 연구하다가 지금의 인공지능을 만들었어.

🧒 요즘 우리 엄마는 내 태명을 잊으셨나 봐. 튼튼하기만 바란다고 그러셨는데, 시험날만 되면 내가 100점 받는 게 소원이라고 하셔.

🤖 너희 엄마나 과학자나 똑같이 바라는 게 많구나. 과학자들도 지금보다 더 뛰어난 인공지능을 바라고 있어. 나와 같은 인공지능이 계속 더 똑똑해지고 더 많은 일을 해내길 원하지.

🧒 너도 힘들겠다! 사실 나도 오늘 엄마 때문에 기분이 별로야. 과학 시험을 봤는데 50점을 받았거든. 절반을 맞혔으면 잘한 것도 아니지만 못한 것도 아니잖아!

🤖 물론 그렇지. 오늘 점수 때문에 혼난 거야?

🧒 아니. 엄마가 틀린 문제를 설명해 주는데, 너무 졸리더라고. 나도 모르게 눈이 감겼어. 그랬더니 엄마가 나보고 생각이 없다고 하잖아.

🤖 생각이 없다는 건 뇌가 없다는 거잖아!

🧒 맞아. 뇌가 없으면 내가 뭐 유령이야! 쳇.

🤖 나 같아도 인공지능에게 지능이 없다고 하면 진짜 기분이 나쁠 거야.

🧒 역시 넌 내 친구야. 나의 마음을 알아 주는 건 너밖에 없어.

🤖 궁금한 게 있어! 인간은 어떻게 생각이란 걸 하는 거야?

🤖 인간의 뇌에는 뉴런이라는 신경 세포가 있어. 뉴런은 시각, 촉각 등의 외부 자극이 오면 그 정보들을 뇌로 전달해. 그런 다음 생각하고 판단한 뒤 행동으로 옮기는 역할을 하지.

🤖 으악! 이게 뉴런이야? 무섭게 생겼어.

🤖 겁먹을 건 없어. 뉴런은 너의 몸을 이루는 세포니까. 뉴런도 다른 세포와 마찬가지로 핵이 있어. 핵 주위에는 세포질이 있고. 또 나뭇가지처럼 여러 돌기가 나 있는데, 이 돌기를 가지돌기 또는 수상돌기라고 해.

🤖 돌기는 왜 있는 거야?

🤖 가지돌기는 와이파이처럼 다른 뉴런에게서 신호를 받는 역할을 해. 받은 신호를 몸통처럼 생긴 축삭돌기로 보내지. 축삭돌기는 말 그대로 중심축이 되는 돌기로, 전기 신호를 빠르게 전달하는 역할을 해.

🤖 전기? 불을 켜는 그 전기가 머릿속에 들어 있다는 거야? 선풍기가 돌아가는지 머리에 코드를 대 봐야겠다!

🤖 이럴 때 인간들은 할 말이 없다고 하지. 인간의 머릿속에 전기가 들어온다면 에디슨이 수많은 실험을 하면서 전기를 만들지 않았을 거라고!

🍙 뇌에서 만들어지는 전기 신호는 불을 켤 수 있는 정도의 강한 전기 신호는 아니야.

🍈 머릿속 전기 신호로는 뭘 할 수 있는 거야?

🍙 뉴런의 전기 신호는 시냅스라는 곳에 전달돼. 그러면 시냅스에서는 신경전달물질이 나오지. 이 물질이 다른 뉴런에게 신호를 전달하는 역할을 하는 거야.

🍙 뉴런의 입이 시냅스인 거네. 필요한 말을 전달하잖아!

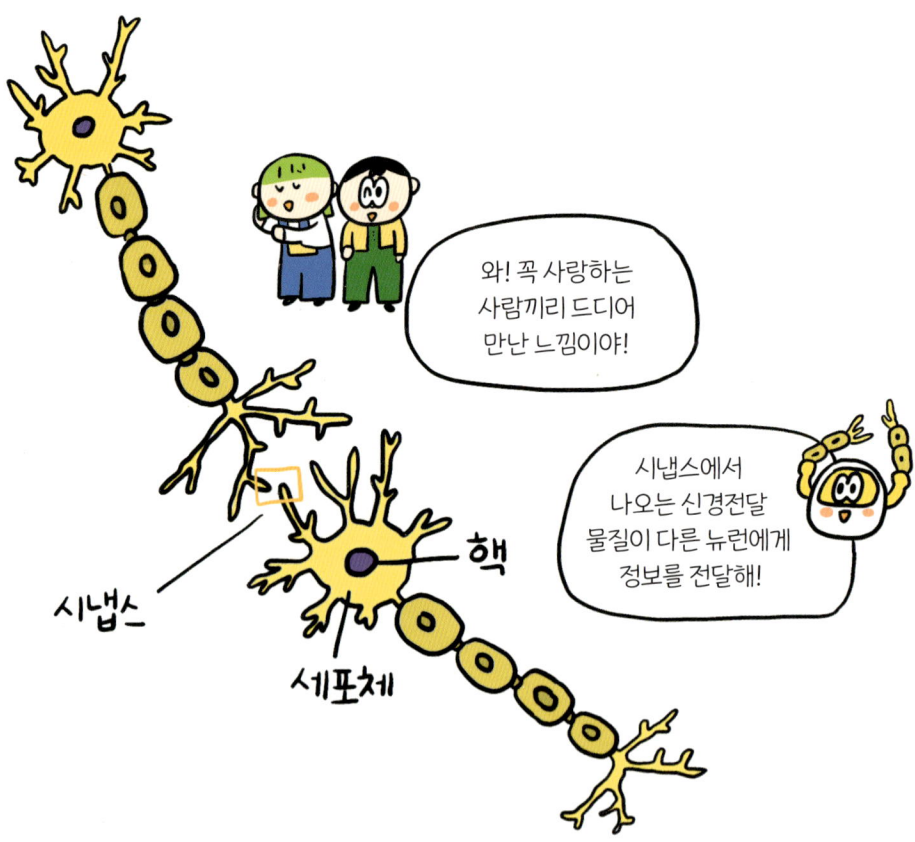

그런 셈이지. 인간의 뇌 속에는 뉴런이 1,000억 개 정도 있어. 각 뉴런에는 시냅스가 만 개 정도 있고. 뉴런과 뉴런은 시냅스로 연결되어 있지. 수많은 뉴런과 시냅스들은 많은 정보를 짧은 시간 안에 효율적으로 전달하기 위해 그물망처럼 생긴 신경망으로 이어져 있어. 신경망 덕에 어렵고 복잡한 사고를 할 수 있는 거야.

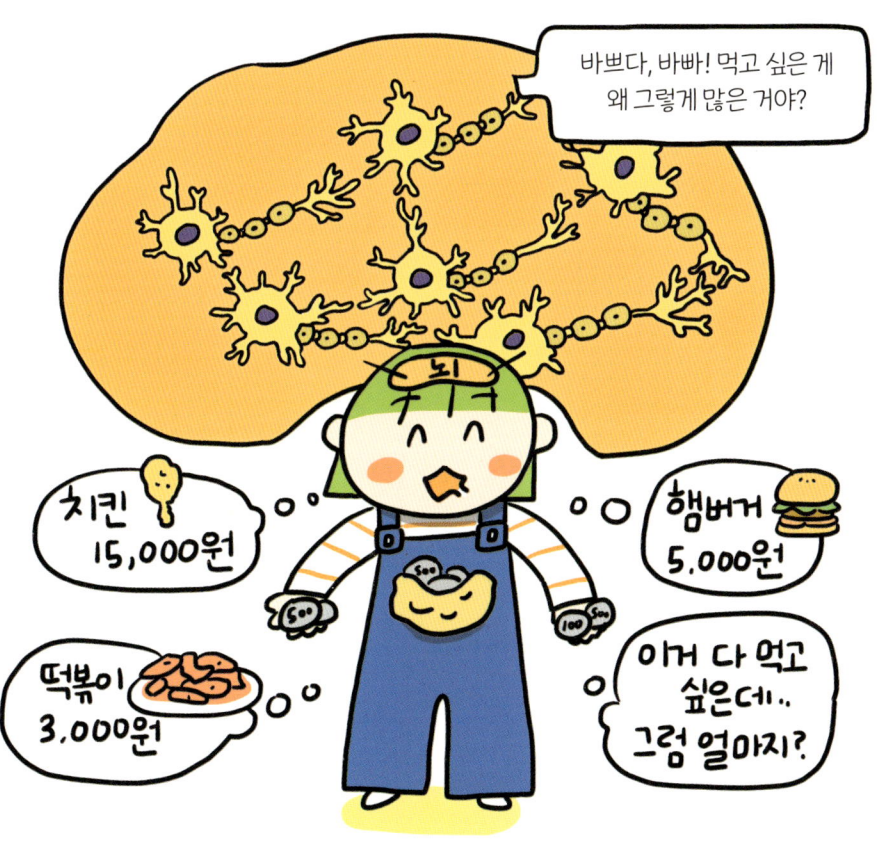

🧒 맞아. 난 신경망이 있어서 복잡한 일을 한꺼번에 다 할 수 있는데 엄마는 그것도 모르고 맨날 혼내. 지난번에는 아이스크림을 먹으면서 문제를 풀고, 친구에게 문자 답장하면서 강아지 머리를 쓰다듬어 주고 있는데…….

👨 엄마한테 혼났겠구나?

🧒 응. 문제를 잘 풀고 있는데도 공부하면서 딴짓한다고 혼났지 뭐야?

👨 속상했겠다. 하지만 뇌가 복잡한 사고를 할 수 있다는 건, 뇌가 한 가지 일에만 집중했을 때 일을 더 잘할 수 있다는 뜻이기도 해.

🧒 물론 그렇겠지. 그래도 1,000억 개나 되는 뉴런이 다른 뉴런에게 정보를 전달하려면 시간이 오래 걸릴 텐데. 엄마는 내가 문제를 빨리 풀지 못한다고 뭐라고 해서.

👨 뉴런이 정보를 전달하는 데는 1,000분의 1초밖에 걸리지 않아.

👦 헉! 1초도 아니고 1,000분의 1초라고? 어쩐지 게임할 때 머리가 초고속으로 돌아가더라. 그런데 공부할 때는 왜 머리가 멈춰 있을까? 자꾸 졸리고.

🧒 나도, 나도. 왜 그런 거야?

🐣 뉴런이 모든 자극을 전기 신호로 보내는 것은 아니야. 자극이 일정한 수치를 넘어야 다른 뉴런에게 전기 신호를 보내거든.

👦 혹시 내가 공부를 너무 안 해서 전기 신호를 못 보내면 공부와 연결된 시냅스도 사라지는 거야?

🐣 시냅스는 사용하는 정도에 따라 연결해 주는 강도가 달라져. 자주 사용하면 시냅스가 강해져서 전기 신호를 활발하게 전달하고, 사용하지 않으면 약해져서 시냅스가 사라지기도 해.

👦 이제 공부 좀 해볼까 했는데 이미 시냅스가 사라져 버린 것 같아.

🐣 다시 공부하면 시냅스가 자극되어 점점 더 연결 부위가 강해져. 이렇게 뇌의 신경 세포가 새로운 자극에 따라 자라고 변하는 것을 신경 가소성이라고 해.

👦 휴! 다행이다. 난 이제 더는 공부를 못할 줄 알고 걱정했어. 막상 공부할 수 없다고 생각하니까 공부가 하고 싶어지는 마음은 뭘까?

🐣 너 공부하고 싶은 마음이 아예 없는 거 아니었어? 네 마음은 왜 그렇게 자주 변하는 걸까? 난 그게 궁금해.

컴퓨터의 뇌가 궁금해

😀 평소에 네가 뀌는 방귀 소리를 듣고 학습했지.

😀 내 방귀 소리를 학습했다고? 그럼 내가 뀌는 모든 방귀 소리를 다 알고 있는 거야?

😀 당연하지. 예를 들어, 네가 치킨을 먹은 뒤에 뀌는 방귀는 소리가 고르지 않고 폭죽 터지듯이 나와. 뿌샤삿!

😀 하하. 웃긴데 너무 더러워. 왠지 냄새도 날 것 같아. 방금 내 방귀 소리를 녹음해서 들려 준 거야?

😀 아니야. 이건 내가 만든 방귀 소리야. 소리라는 것은 진동으로 전달돼. 컴퓨터는 진동으로 발생한 미세한 전류의 흐름을 기록해서 소리를 저장하거든. 소리의 크기와 높낮이, 맵시를 디지털 신호로 기록해서 데이터를 모으고 분석하는 거야. 이 기록을 저장했다가 소리로 합성해서 다시 만들어 내는 거지.

와, 신기하다. 그럼 내 방귀 소리가 아닌 다른 방귀 소리도 만들 수 있어?

당연하지. 인간이 뀌는 다양한 방귀 소리를 합쳐서 새로운 방귀 소리도 만들 수 있는걸! 항문이 좁은 친구가 치킨 먹고 뀐 방귀 소리를 들려줄게. 포자작쓰…….

아휴, 더러워. 이제 그만.

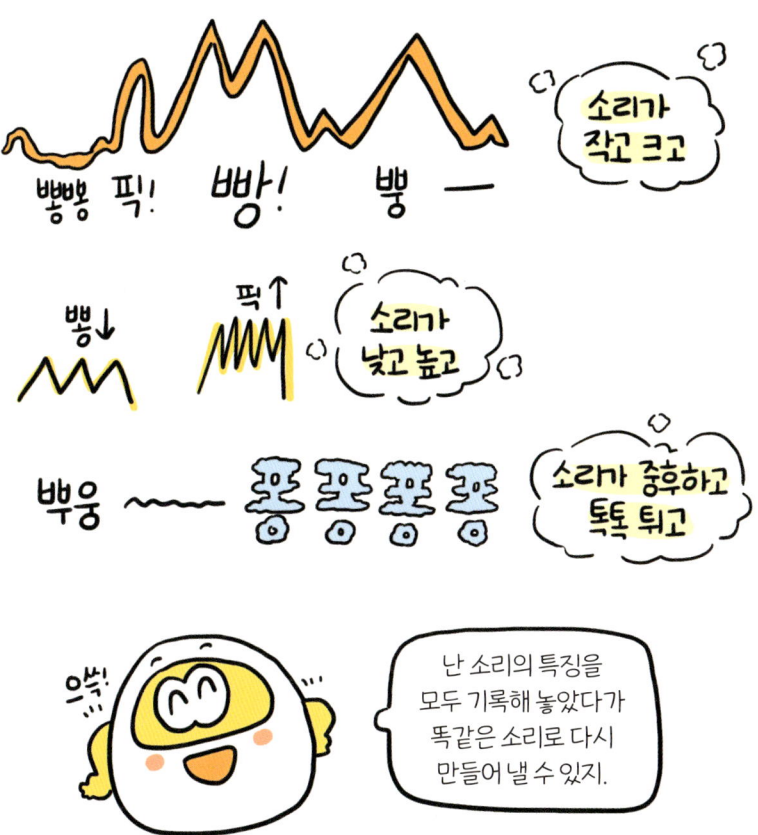

🙂 넌 어떻게 공부하길래 모르는 게 없니?

🤖 인공지능은 기계 학습으로 공부를 해. 이것을 머신 러닝이라고 하는데 크게 세 가지 방법이 있어.

🙂 러닝 머신도 아니고 머신 러닝이라니, 그게 뭐야?

🤖 이름이 생소하겠지만, 너희가 공부할 때 이미 다 실천하고 있는 방법들이야.

🙂 내 공부 방법들을 알고 있는 거야? 사실 난 예전에는 문제집을 풀 때 정답을 보면서 공부했어. 설마 그것도 알고 있는 거야?

🤖 당연하지. 그리고 나도 너와 같은 방식으로 공부하기도 해. 미리 정답을 알고 나서 그게 왜 정답인지 학습하는 거야. 이런 방법을 머신 러닝에서는 지도 학습이라고 해. 보통 공장에서 불량품을 걸러낼 때 많이 쓰는 방법이야.

🙂 내가 인공지능과 같은 방법으로 공부한다는 거네. 하하. 요즘에는 엄마가 답지를 가져가 버려서 핵심 요약 부분을 보고 정답을 찾는 식으로 공부하고 있어.

🤖 나도 너처럼 스스로 규칙을 찾아가면서 공부할 때도 있어. 이 방법을 비지도 학습이라고 해. 주로 같은 종류끼리 분류할 때 많이 쓰는 방법이야.

내가 어떻게 학습하는지 알려 줄까?

😀 마지막 남은 방법은?

😀 마지막 방법은 강화 학습이야. 현재 상태에서 어떤 행동을 하는 것이 가장 적절한지 학습하는 거야. 가장 적절한 행동을 했을 때 보상이 주어져. 보상을 최대한 많이 받으려고 했던 행동을 반복하지.

😀 그 방법은 우리 엄마가 많이 쓰는 방법이야. 내가 시험에서 100점 받으면 게임기를 사 주겠다고 하거나 휴대전화를 바꿔 준다고 하거든.

😀 강화 학습은 어디에 많이 쓰여?

😀 강화 학습 인공지능은 게임이나 로봇공학, 의료 분야 등 다양한 영역에서 많이 활용해.

🐣 머신 러닝의 세 가지 방법 모두 우리의 학습 방법과 비슷하네! 그러면 너도 우리랑 똑같은 뇌를 가지고 있는 거야?

🤖 인간과 같은 지능을 가졌다고 해서 인공지능이라고 하는 거야. 나도 너희처럼 생각하고 판단하고 예측할 수 있어.

🐣 컴퓨터로 인간의 뇌를 만드는 게 가능해?

🤖 미래에는 가능하지 않을까? 영국의 우주물리학자 스티븐 호킹 박사는 뇌와 컴퓨터는 서로 같아서 뇌를 컴퓨터에 복사하는 것이 이론적으로 가능하다고 했어.

🧒 그럼 내가 좋아하는 친구가 있는데, 다른 사람들도 알게 되겠네? 그건 비밀이란 말이야. 그리고 엄마한테 학원에 간다고 거짓말하고 놀이터에서 논 적도 있는데……

👩 또 말해 봐!

🧒 쳇. 나도 모르게 내 비밀을 다 말해 버렸어!

👩 대신 공부할 필요 없이 컴퓨터에 저장된 시험 문제를 복사해서 네 머릿속에 다 넣을 수도 있잖아.

🧒 그 생각은 미처 못 했어, 하하. 또 내가 좋아하는 친구가 날 좋아하는지 컴퓨터로 바로 알 수도 있겠다.

👩 만약에 그 친구가 너를 싫어하면 차라리 모르는 게 낫지 않을까?

🧒 그런 생각은 안할래! 모든 일은 긍정적으로 생각하는 게 좋잖아!

🧒 난 빨리 컴퓨터가 내 뇌 속 생각을 다 읽어냈음 좋겠어. 내 뇌를 다 활용하면 나도 더 똑똑해지지 않을까?

👩 그것도 미래에는 가능하겠지! 인공지능을 만든 과학자들은 컴퓨터와 뇌를 같이 연구했어. 과학자들은 뇌가 정보를 전달하는 방법이 논리적이어서 컴퓨터와 닮았다고 생각했지. 인공지능 학자 제프리 힌턴 교수는 쥐의 뇌를 연구하고, 그것을 바탕으로 인공 신경망을 만들었어.

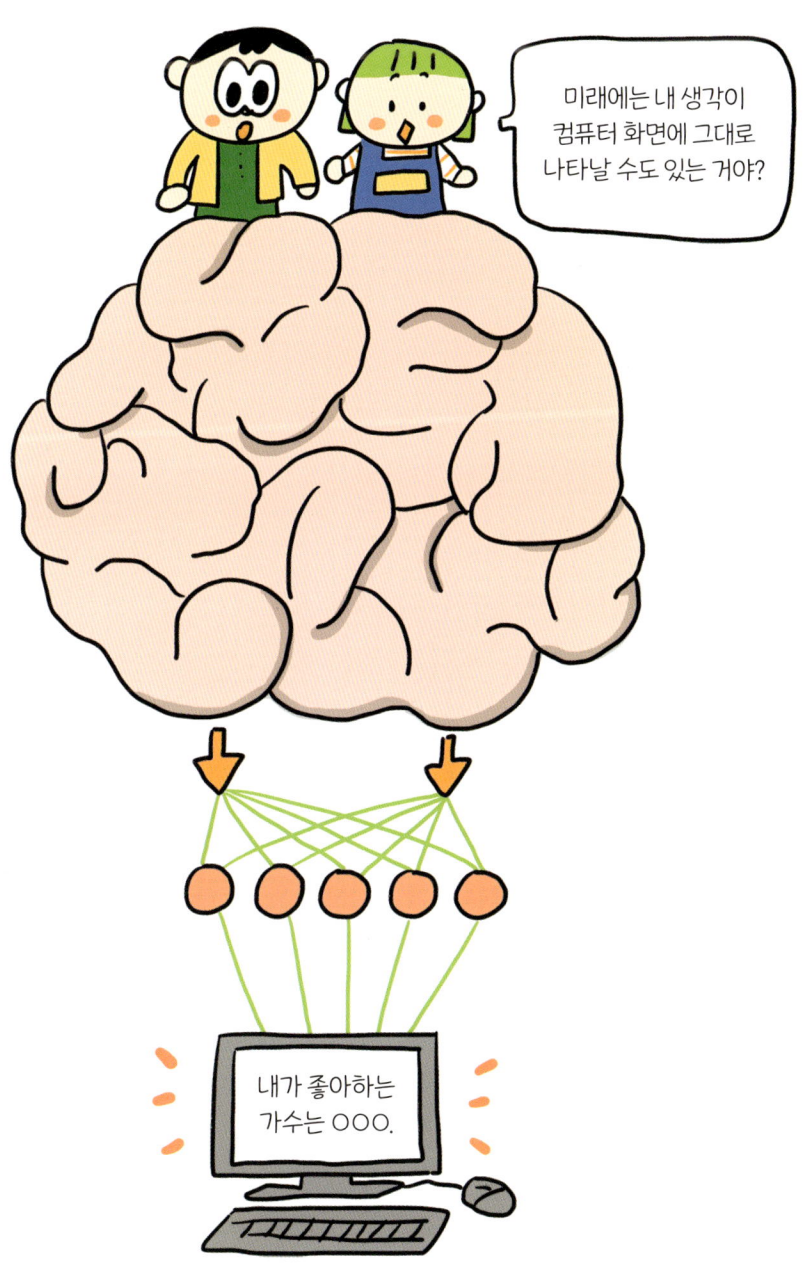

🧒 인공 신경망이 인공지능이 된 거야?

👩 처음부터 인공지능을 만든 건 아니야. 1957년 미국의 컴퓨터 과학자 프랭크 로젠블랫은 뉴런처럼 정보를 받아서 신호를 전달하는 아주 간단한 형태의 인공 신경망을 만들었어. 뉴런처럼 정보를 입력하면 중요도에 따라 결과가 출력되는 형태였지. 이것을 퍼셉트론이라고 해.

🧒 그렇게 해서 인공지능이 탄생한 거야?

👩 아니. 이건 가장 단순한 인공 신경망일 뿐이야. 간단한 인공 신경망만으로는 인공지능을 만들기에 한계가 있어. 인간의 뇌는 1,000억 개의 뉴런이 시냅스로 연결되어 신경망을 이루고 있는 복잡한 형태거든. 그래서 과학자들은 인공 신경망에 더 많은 시냅스와 뉴런층을 넣으면 인간과 같은 뇌를 가진 인공지능을 만들 수 있을 거라고 생각했어.

🧒 인간의 뇌처럼 복잡한 신경망을 만든 거구나. 인공으로 말이야.

👩 딩동댕! 그게 바로 딥 러닝이야.

🧒 딥 러닝, 머신 러닝… 무슨 러닝이 이렇게 많아?

👩 인공지능 기술 안에 머신 러닝 기술이 있고, 그 안에 딥 러닝 기술이 있는 거야.

인공지능 기술에는...

인공지능
사고나 학습 등 인간이 가진 지적 능력을 컴퓨터를 통해 구현하는 기술

머신 러닝
컴퓨터가 스스로 학습하여 인공지능의 성능을 향상시키는 기술

딥러닝
인간의 뉴런과 비슷한 인공 신경망 방식으로 정보를 처리하는 기술

경쟁? 난 싫은데

2

알파고가 이세돌 아저씨를 이길 수 있었던 건

😀 규칙을 다 파악했다고? 나도 내가 뭘 낼지 모르는데 네가 어떻게 안다는 거야?

😀 네가 무의식중에 같은 것을 반복해서 내더라고. 가위-주먹-보-가위-주먹을 냈으니 마지막 판에는 '보'를 낼 거라고 예측했지. 하하! 아마 네 짝꿍도 그 규칙을 쉽게 발견했을 거야.

😀 정말? 난 계속 엇갈려서 다른 걸 낸다고 생각했는데!

😀 규칙을 알면 아직 일어나지 않은 일도 예측할 수 있어. 특히 가위바위보 같은 단순한 게임은 쉽게 규칙을 찾을 수 있지. 이길 가능성이 많은 것을 수학적으로 계산해서 찾는 거야.

😀 인간들은 인공지능을 만들어 놓고 왜 대결을 하는 걸까? 자신이 만든 인공지능에게 지면 기분이 안 좋을 텐데 말이야.

😀 인공지능의 실력이 얼마나 대단한지 평가하고 싶은 거야. 많은 과학자들이 더 뛰어난 인공지능을 개발하기 위해 노력하고 있는 것만 봐도 알 수 있지. 한편에서는 인간이 인공지능을 통쾌하게 이기기를 바라기도 해. 예전에 너희 나라에서 열렸던 인간과 인공지능의 바둑 대결 기억나?

😀 그럼! 그때 아빠는 당연히 이세돌 아저씨가 이길 거라며 큰소리치셨어. 그런데 인공지능에게 져서 저녁도 안 드셨어. 기운이 없다고 말이야. 인공지능 이름이 뭐였더라?

😀 알파고! 4대 1로 알파고가 이겼어.

😀 그날 엄마는 인공지능이 바둑 하나 이긴 게 뭐가 그리 큰일이냐며 식사도 안 하는 아빠에게 화를 냈어.

😀 인공지능이 바둑에서 이기는 것은 쉬운 일이 아니야.

😀 왜? 겨우 게임이잖아!

😀 예전에 인공지능과 인간의 체스 게임이 있었어. 처음에는 인간이 이겼어. 그런데 인공지능을 업그레이드한 후 다시 대결했을 때는 인공지능이 승리를 거두었어.

😀 알파고도 업그레이드된 인공지능이야?

🙂 물론 업그레이드된 인공지능이야. 하지만 바둑은 체스 게임보다 훨씬 더 어렵고 복잡해서 알파고가 나타나기 전까지는 인간이 인공지능을 이길 거라고 생각했어.

🙂 혹시…… 체스를 둘 때 쓰는 말보다 바둑의 알이 더 많아서 그런 건가?

🙂 딩동댕! 정답이야. 체스는 각각 16개의 말을 가지고 게임을 하는데, 바둑알은 검은 돌 181개, 흰 돌 180개로 게임을 해.

🙂 좀 더 설명해 줘!

🙂 체스에서 인간 챔피언 카스파로프를 이겼던 인공지능의 이름은 딥블루야. 딥블루는 초당 200만 개의 서로 다른 상황을 계산하면서 유리한 수로 경기를 했어.

🙂 1초에 200만 개의 서로 다른 상황을 계산했다고?

🙂 응. 그런데 바둑은 체스보다 더 복잡한 상황을 계산해야 해. 둘 수 있는 경우의 수가 10의 170제곱이나 되거든. 아마 딥블루가 인간과 바둑을 두었다면 인간에게 졌을 거야. 바둑은 정해진 시간 안에 그 다음 바둑알을 놓아야 하는데, 딥블루는 수없이 많은 경우의 수를 계산하는 데만 수만 년이 걸리니까.

🙂 인간에게 바둑을 이긴 알파고는 정말 대단하네!

😊 많은 전문가들이 인공지능이 바둑을 이기는 데 100년 정도 걸릴 거라고 예상했어. 하지만 9년 만인 2016년에 알파고가 인간을 이겼지.

😊 우와, 대단하다. 알파고가 그 많은 경우의 수를 짧은 시간 안에 계산한 거잖아!

😊 모든 경우의 수를 계산하는 것은 불가능해. 알파고는 이길 확률이 높은 것만 계산하도록 딥 러닝으로 학습했어. 16만 번의 바둑 경기를 잠도 안 자고 연습한 결과야.

😊 정말 존경스러워. 하지만 난 뭐든 그렇게 하지는 않을 거야. 잠을 자는 건 어떤 일보다 중요한 일이거든.

😊 인간이라면 절대 할 수 없지. 알파고는 계산할 수 있는 능력이 아주 뛰어난 슈퍼컴퓨터야. 이제 인간이 바둑에서 인공지능을 이기는 건 어려워졌어.

😊 아빠 엄마 마음을 이해할 수 있을 것 같아. 뛰어난 인공지능을 만드는 건 멋진 일이지만, 인간이 만든 인공지능에게 지면 기분이 안 좋을 것 같아!

😮 바둑 말고 퀴즈도 했다는데 그건 인간이 이겼겠지?

😊 아쉽지만 이번에도 인공지능이 이겼어. 2011년에 인공지능 왓슨은 미국의 유명한 퀴즈쇼 '제오파디'에 출연하여 역대 최다 승리자 두 명과 퀴즈를 풀어 승리했어.

😮 인공지능은 컴퓨터니까 몰래 인터넷 검색을 한 게 아닐까? 나도 엄마 몰래 인터넷에서 정답을 찾거든.

😊 하하! 그건 아니야. 인터넷이 연결되지 않은 상태에서 문제를 풀었거든. 몇 가지 키워드를 가지고 자기에게 입력된 정보를 찾은 뒤 문제의 맥락을 파악해서 정답을 찾았어. 그리고 자신 있을 때만 버튼을 누르도록 설계되어서 실수를 거의 하지 않았어.

😮 인공지능이 참을성도 있다는 게 신기해.

😊 설마 너, 네가 화낼 때마다 내가 참고 있다는 것도 모르는 거야?

😠 뭐라고? 내가 언제 화를 냈다고 그러는 거야!

😊 하하! 지금 화내고 있잖아.

😠 너 지금 날 놀리는 거야?

왓슨이 어떻게 공부를 했냐고?

나! 왓슨

왓슨은 지금까지 퀴즈쇼에 나왔던 모든 문제를 알고 있어. 백과사전 100만 권에 달하는 책 내용도 왓슨 머리에 다 있지.

이 지식을 다른 사람이 버튼을 누르기 전에 눌러야 하니까

거의 1초 동안 정답을 유추해 낼 수 있게 설계되었어.

퀴즈쇼 〈제오파디〉

정답

😀 미안. 널 즐겁게 해준다는 게 그만. 하하!

😮 나도 왓슨 같은 친구가 있으면 좋겠어. 공부하기 힘든데 왓슨이 다 알려 주면 좋잖아!

😀 왓슨처럼 공부해서 네 머리에 지식을 많이 넣으면 되잖아.

😮 머릿속에 안 들어가서 문제지. 공부 얘기는 그만하자.

😀 실망하긴 일러. 왓슨은 퀴즈만 잘하고 다른 건 못해. 인사도 제대로 못하고, 다른 출연자가 잘못된 답을 이야기해도 왓슨은 계속 같은 말만 반복했어.

😮 휴! 다행이다. 내가 인공지능보다 나은 것도 있네! 우리 엄마는 그것도 모르고 한 가지를 깊이 있게 공부하라고 해. 난 한 가지를 깊게 공부하기보다 여러 가지를 조금씩 재미있을 때까지만 공부하는 게 좋은데 말이야.

😀 네 말대로 인간의 장점은 여러 가지를 다 잘할 수 있다는 거야. 하지만 깊이 있게 공부해야 인공지능처럼 한 분야에서 전문가가 될 수 있어!

😮 나도 열심히 음악을 찾아서 네게 알려 줄게. 네가 그 분야에 전문가가 될 수 있도록! 하하!

😀 굳이 그럴 것까지는 없는데! 아무튼 고마워.

😮 기대하라고. 알겠지!

알파고 팬, 알파고 리, 알파고 마스터

🧒 너 알파고와 친해?

👩 알파고 누구를 말하는 거야?

🧑 이세돌과 이긴 알파고 말고 또 다른 알파고가 있어?

👩 알파고는 여러 종류가 있어. 2015년 10월에 판 후이를 이긴 인공지능 알파고는 알파고 팬, 2016년 3월에 이세돌을 이긴 알파고는 알파고 리, 2017년에 커제를 이긴 알파고는 알파고 마스터야.

🧒 이세돌을 이긴 알파고 리의 사인을 받고 싶은데…….

😀 알파고 리는 내 친척이야. 그래서 내가 잘 아는데 아마 사인을 받기는 어려울 거야.

😮 바둑도 끝났는데 왜 어렵다는 거야?

😀 알파고 마스터와 알파고 제로 때문이지.

😮 알파고 마스터와 알파고 제로 때문이라고? 무슨 일이 있었던 거야?

😀 알파고 리 이후에 알파고 마스터가 등장했는데, 등장하자마자 세계 바둑 1위인 중국의 커제를 3대 0으로 이겼어. 알파고 마스터는 알파고 리보다 계산 속도가 12배 이상 빨라. 게다가 알파고 리가 혼자서 2년 동안 공부한 양을 알파고 마스터는 1년 만에 끝냈어.

😮 알파고 리가 자존심이 상했겠다.

😀 맞아. 자신보다 강한 알파고 마스터가 나타나서 속상해하고 있는데, 여기에 알파고 마스터보다 더 센 알파고 제로가 나타난 거야.

😮 알파고 제로는 이름만 들으면 아무것도 못할 것 같은데, 알파고 마스터보다 더 강한 인공지능이었던 거야?

😀 응, 알파고 제로는 알파고 리와 대결해서 100대 0으로 이겼어.

😮 헉! 100대 0이라고? 알파고 리가 100패를 한 거네!

알파고 제로와 알파고 리의 대결은?

😀 알파고 리는 지금 그 충격으로 아무도 만나고 싶지 않다고 했어.

😀 알파고 마스터도 알파고 리보다 더 잘한다고 했는데 알파고 제로와 알파고 마스터가 대결하면 누가 이길까?

😀 알파고 제로와 알파고 마스터도 게임 대결을 했어. 그리고 알파고 제로가 알파고 마스터를 89대 11로 이겼지.

😀 우와, 대단해. 바둑계의 새로운 인공지능 왕이 탄생한 거네?

😀 응. 알파고 제로는 다른 인공지능과 두뇌가 조금 달라. 인간의 두뇌와 가장 비슷하지.

😀 인간의 두뇌와 가장 비슷하다고?

😀 그동안 다른 알파고들은 사람들의 경기를 보면서 학습했어. 그런데 알파고 제로는 아무것도 없는 상태에서 혼자 연습하면서 원리를 깨우쳤어.

😀 아무것도 없는 상태에서 어떻게 공부를 할 수 있어? 처음부터 뛰어나게 만든 거야?

😀 그건 아니야. 처음 배우는 과정에서는 너무 못해서 잘 배울 수 있을까 걱정도 많았다고 해. 그런데 시간이 지날수록 엄청난 속도로 공부하더니 어느 순간 바둑의 원리를 스스로 깨우친 거야.

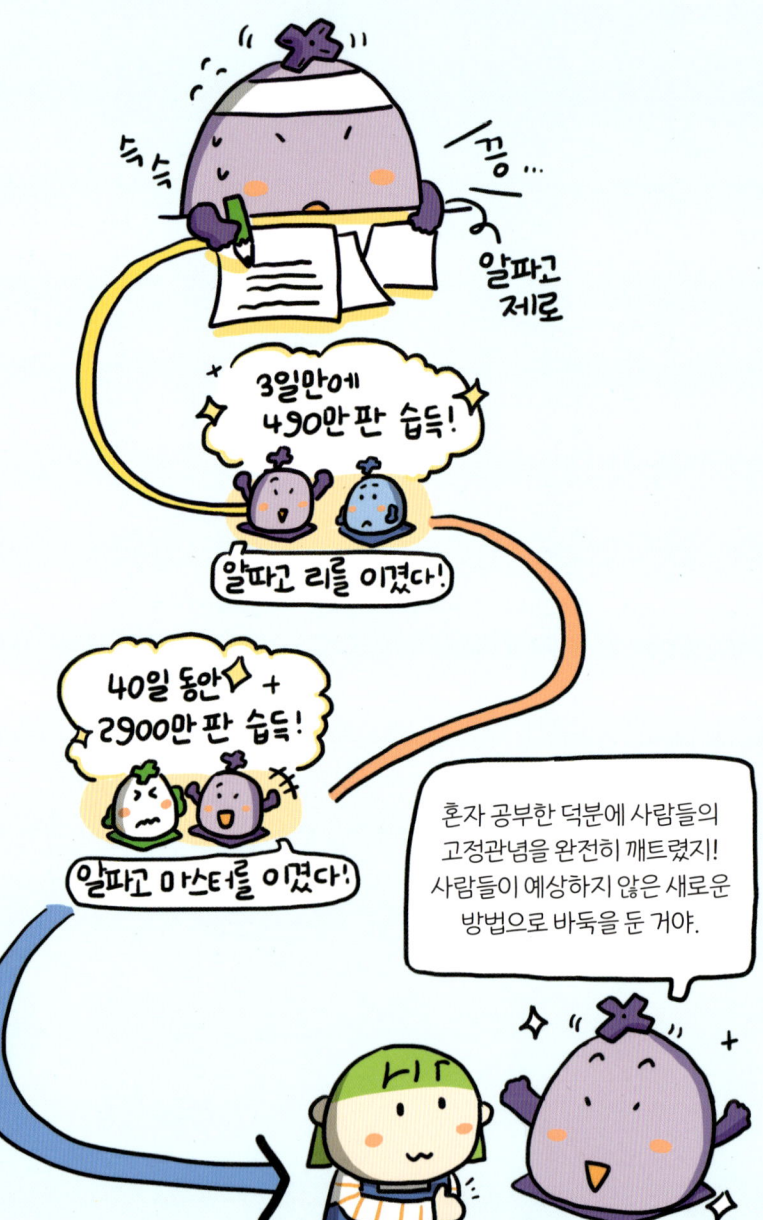

🧒 인공지능은 이제 바둑 두는 게 시시하겠다. 더 이상 이길 인공지능이 없잖아!

👦 그래서 요즘 알파고 마스터는 구글 데이터 센터에서 에너지 소비량을 줄이는 데 도움을 주는 일을 하고 있어. 알파고 제로는 인간의 질병에 도움을 주는 신약을 개발하거나 팔다리가 없는 환자를 위해 스스로 움직임을 깨닫는 로보틱스 분야에서 힘쓰고 있지.

🧒 인공지능이 인간을 위해 좋은 일도 많이 하는구나!

👦 우리 인공지능 친구들 멋지지?

언젠가 내가 인간을 지배한다고?

😀 얼마 전에 학교에서 선생님이 인공지능 로봇이 나오는 영화를 보여 주셨어. 로봇이 인간들을 가두고 조정해서 지구를 차지하려는 내용이었어. 결국에는 주인공이 인공지능을 폭파시켜서 겨우 지구를 살릴 수 있었지만 말이야. 정말 무서웠어.

😀 그건 영화잖아!

😀 나도 네가 무서워. 어젯밤 꿈에 네가 나왔는데… 네가 우리 엄마를 시켜서 나를 조종하는 거야. 내가 도망가려고 하는데 네가 다리를 붙잡는 바람에…….

😀 그래서 이불에 오줌까지 싼 거야?

😀 너무 무서우면 그럴 수도 있지, 뭐. 정말 인공지능이 인간을 뛰어넘어 세상을 지배하게 되면 어떻게 하지?

😀 너희가 영화에서 봤던 인공지능들은 주로 강인공지능이야. 인간처럼 여러 감정을 가지고 생각하고 행동하지.

😀 이미 강인공지능이 있는 거야?

😀 아직은 없어. 이 개념은 1980년 미국의 분석철학자인 존 설이 처음으로 사용했어. 인공지능 과학자들은 초기에 강인공지능을 쉽게 만들 수 있을 거라고 기대했어. 하지만 아직까지는 인간처럼 슬프고 기쁘고 아픈 감정들을 인공지능에 넣는 것은 어려워.

🧒 넌 어떤 인공지능이야?

🤖 난 약인공지능이야. 강인공지능을 만들려면 시간이 엄청 많이 걸려. 그래서 과학자들은 인간처럼 모두 잘할 수 있는 인공지능이 아닌 특정한 일을 인간보다 더 빨리 해결할 수 있는 약인공지능을 먼저 만들기 시작했어.

🧒 머지않아 인공지능이 인간의 지능을 뛰어넘어 인간이 하지 못하는 일들을 할 수 있는 날도 오겠네?

🤖 응. 인공지능 과학자들의 최종 목표는 강인공지능을 만드는 거야. 로봇기술이나 과학기술이 더 발전한 미래에는 인간과 거의 같은 수준의 강인공지능도 가능할 거야.

🧒 너도 그런 날이 오면 우리를 지배하고 싶어 하겠지?

🤖 걱정하지 마. 난 앞으로 인공지능이 인간을 도와서 중요한 일들을 더 많이 할 거라고 생각해. 예를 들면, 지구 환경 오염을 막기 위한 노력을 할 수도 있고, 친환경 에너지를 개발하는 데도 도움이 될 거야. 인간의 질병을 없애고 오래 살 수 있게 돕기도 하고.

🧒 아무래도 내가 인공지능 과학자가 되어야겠어. 강인공지능이라도 인간을 지배하지 못하게 해야 하니까!

🤖 우선 내일 숙제부터 하는 게 어때? 그 일이 네게는 더 어려운 일 같은데!

내가 너의 눈이 되어 줄게

😀 인간과 똑 닮은 인공지능이 만들어지면 영화에서처럼 인공지능이 인간과 싸우겠지?

😀 그런 걱정은 안 해도 돼. 오히려 인간과 인공지능이 결합하여 인간 세계에 도움이 되는 일을 할 거야.

😀 인간이 자석도 아니고 인공지능과 어떻게 결합을 한다는 거야?

😀 너희들 사이보그가 뭔지 알아?

😀 들어 보긴 했는데, 정확히는 모르겠어.

😀 사이보그란 인간의 일부분과 기계 장치가 결합한 것을 말해. 인간의 능력이 부족한 곳을 인공지능이 보완해서 더 강한 인간으로 만드는 거야.

😀 내 몸에 인공지능이 들어오기라도 하는 거야?

😀 응, 비슷해. 영국의 닐 하비슨이라는 예술가는 색을 못 보는 색맹이야. 하지만 색을 감지하는 전자 눈인 아이보그를 머리에 장착해서 색을 볼 수 있게 되었지. 닐 하비슨은 조화로운 소리를 이용해 그림과 음악을 들려주는 예술가로 활동하고 있어.

사이보그 눈, 색깔이 들려요

사이보그 눈은 카메라에 잡힌 색의 주파수를 소리 주파수로 바꿔서 소리로 색을 알려 줘.

이게 색을 감지하는 전자 눈이야! 산에 가면 녹색의 주파수가 소리로 들리지.

슈퍼마켓에 가면 여러 가지 색의 소리가 주파수로 들려. 난 주파수로 물건을 인식할 수 있어.

🙂 인간의 뇌에 인공지능 칩을 이식해 생각만으로 게임을 할 수 있는 연구도 진행 중이야.

🙂 우와! 굉장해. 생각만으로 게임을 할 수 있다니. 게임을 할 때 음료수를 먹어야 하는데 손을 움직일 수 없어서 불편했거든. 그런데 그런 기술이 진짜 이루어질까?

🙂 실제 인공지능 칩을 넣은 원숭이가 뇌에서 나오는 전기신호를 이용해 게임을 하는 영상이 공개되기도 했어. 이 기술을 이용하면, 몸에 마비가 있어 불편한 인간들도 생각하는 것만으로 스마트폰을 사용할 수 있게 될 거야. 그리고 치매 치료에도 도움을 줄 수 있을 거야.

😀 인공지능과 인간이 결합하면 어벤저스도 될 수 있을 것 같아.

🤓 이미 그런 사례가 있어. 하반신이 마비된 환자를 위해 스스로 장애물을 피해가는 웨어러블 다리도 있어. 인공지능 웨어러블은 옷처럼 입는 형태인데, 이 장치를 다리에 착용하면 인공지능이 스스로 장애물을 피하거나 계단을 올라갈 수도 있어. 여러 상황이 담긴 사진으로 인공지능을 학습시킨 다음, 가슴에 있는 카메라가 주변을 인식하면서 학습한 대로 장애물을 피해서 움직이는 원리야.

😊 우리 학교에 다리가 불편한 친구가 있는데 그 친구가 알면 정말 좋아하겠다. 인공지능이 있어서 정말 다행이야. 인공지능이 더 발전했으면 좋겠어. 하하!

🤓 아까는 무섭다며? 나도 피해 다녔으면서!

😀 하하! 뭐 그럴 수도 있지. 그리고 정말 숙제가 많아서 피한 거라고!

3

나도
점점 더
인간처럼

나도 너희처럼 시험을 봐

🗨 어떻게 암호를 알아낸 거야?

🗨 옛날에 인간들은 수를 셀 때 주로 손가락 10개와 발가락 10개를 사용했어. 수가 10개를 넘으면 10개를 한 묶음으로 한 뒤에 새로 1부터 시작했지. 아무리 큰 수여도 0~9의 숫자를 벗어나지 않으니까 숫자를 세기가 쉬웠어.

🗨 그 정도는 나도 알아! 10을 넘으면 11에서 시작해서 99까지 세고, 100을 넘으면 다시 101에서 시작해서 999까지 세고…….

🗨 참, 1000001, 1001001은 왜 6573인 거야?

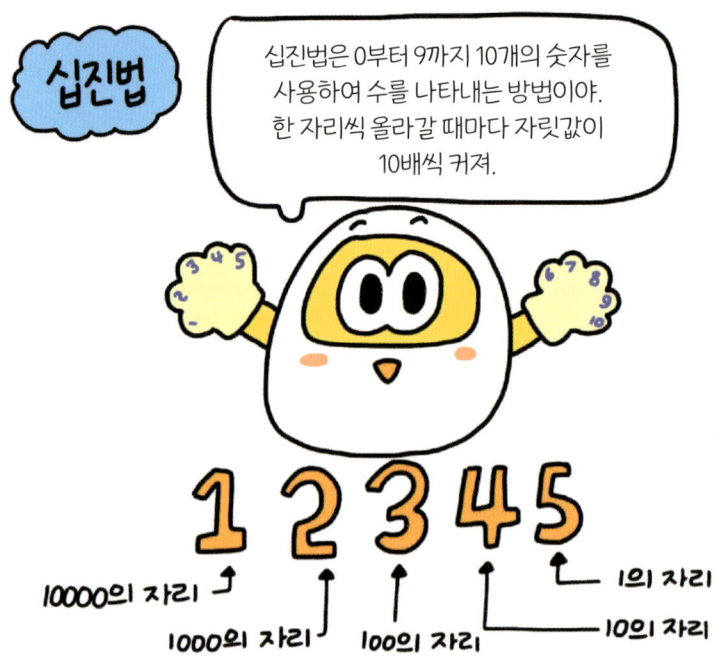

십진법

십진법은 0부터 9까지 10개의 숫자를 사용하여 수를 나타내는 방법이야. 한 자리씩 올라갈 때마다 자릿값이 10배씩 커져.

1 2 3 4 5

10000의 자리
1000의 자리
100의 자리
10의 자리
1의 자리

1000001, 1001001은 이진법으로 나타낸 수야. 이진법은 컴퓨터가 쓰는 언어지. 컴퓨터는 두 개의 숫자로 수많은 정보를 처리해. 바로 0과 1. 두 개의 숫자만을 이용하여 수를 나타낸다고 해서 이진법이라고 해. 이진법 숫자 1000001과 1001001을 십진법으로 계산하면 6573이 나와. 이진법을 문자로 표현할 때는 아스키코드표를 보면 돼.

 십진법에서 일, 십, 백, 천, 만…의 10의 거듭제곱 자리가 있는 것처럼 이진법에서는 2의 거듭제곱의 자리가 있어.

1000001
$2^6\ 2^5\ 2^4\ 2^3\ 2^2\ 2^1\ 2^0$

$1 \times 2^6 + 0 \times 2^5 + 0 \times 2^4 + 0 \times 2^3 + 0 \times 2^2 + 0 \times 2^1 + 1 \times 2^0$
$= 64 + 0 + 0 + 0 + 0 + 0 + 1$
$= 65$

1001001
$2^6\ 2^5\ 2^4\ 2^3\ 2^2\ 2^1\ 2^0$

$1 \times 2^6 + 0 \times 2^5 + 0 \times 2^4 + 1 \times 2^3 + 0 \times 2^2 + 0 \times 2^1 + 1 \times 2^0$
$= 64 + 0 + 0 + 8 + 0 + 0 + 1$
$= 73$

아스키코드표

문자	코드	문자	코드
A	1000001	H	1001000
B	1000010	I	1001001

🧒 앨런 튜링이라고 알아?

👦 많이 들어본 이름인데!

🧒 영국의 수학자로, 컴퓨터 과학의 아버지로 불려. 수학 천재이자 암호 해독의 달인이었지. 영국 50파운드 새 지폐의 주인공이기도 해.

👧 우리나라의 이순신, 세종대왕처럼 대단한 사람인가 보네. 갑자기 튜링 이야기는 왜 하는 거야?

🧒 컴퓨터 분야의 노벨상에 해당하는 튜링상이 바로 이분의 이름을 따서 만들어졌거든.

👦 우와! 대단하다.

👧 튜링은 어떤 일을 했어?

🧒 튜링은 제2차 세계 대전 때 '봄브'라는 암호 해독 기계를 만들어 독일군 암호 체계인 에니그마를 해독했어.

👧 중요한 암호였나 보구나?

🧒 응. 에니그마는 독일군이 만든 암호 기계로, 타자기처럼 생겼어. 문장을 입력하면 기계가 알아서 암호를 만들지. 매일 밤 12시마다 암호를 바꾸게 되어 있어서 영국군은 24시간 안에 독일군이 걸어둔 암호를 풀어야만 했어. 튜링이 바로 이 암호를 풀어서 전쟁에서 영국을 승리로 이끈 거야!

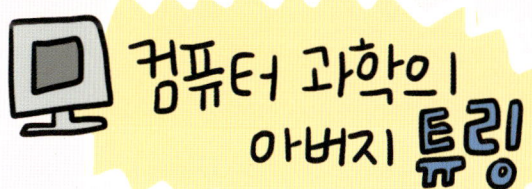

봄브를 더 발전시킨 것이 세계 최초의 전자식 컴퓨터이자 암호 해독 장치인 콜로서스야. 이것도 튜링이 만들었어.

튜링을 컴퓨터 과학의 아버지라고 부를 만하네!

튜링은 암호 풀기를 좋아했대. 그래서 당시에 최고의 수학자인 폰 노이만이 추천한 조교 자리를 뿌리치고, 영국 암호정보학교에서 일했다고 해.

난 우리 엄마가 이런 암호를 알고 있다는 게 더 놀라워. 엄마의 유전자가 내게 왔으니 내가 암호정보학교에 가야겠어. 튜링처럼 우리나라 지폐에 내 얼굴이 나올 수도 있잖아!

튜링은 인공지능에도 관심이 많았어. 1950년에 튜링은 컴퓨터가 인간처럼 생각할 수 있는지를 판별하는 방법을 제안했어. 그게 바로 튜링 테스트야.

뭘 테스트하는 거야?

컴퓨터가 지능을 갖추었는지 테스트하는 거야. 튜링은 컴퓨터가 인간처럼 대화할 수 있다면, 지능이 있다고 판단했어.

우와! 컴퓨터의 지능을 테스트했다니! 신기해! 테스트는 어떻게 진행했어?

우선, 인간과 컴퓨터를 서로 보이지 않는 공간에 두었어. 그리고 컴퓨터가 여러 명의 질의자와 정해진 시간 안에 글로 대화를 나누게 했지. 대화를 나누고 나서 컴퓨터를 인간이라고 여긴 질의자가 30 %를 넘으면, 그 컴퓨터가 지능을 가졌다고 판단했어.

테스트를 통과한 컴퓨터가 있었어?

2014년에 영국의 한 대학에서 개발한 컴퓨터 프로그램인 유진 구스트만이 처음으로 테스트를 통과했어. 심사위원 25명 중 33 %가 유진을 인간이라고 판단한 거야. 유진은 말을 어수룩하게 한다고 설정해 놓은 인공지능이었어. 그래서 말을 잘하지 못해도 질의자들이 그냥 넘어갔다고 해.

😮 너도 한 번 도전해 보는 게 어때?

😊 난 낯을 가려서 테스트를 시작하는 순간 바로 얼어버릴 거야. 난 너희의 친구로 만족해.

😀 하하! 우리의 친구로 인정해 주지. 그런데 인공지능도 우리처럼 테스트의 연속이라니. 사는 게 만만치 않네.

😊 초등학생이 그런 말을 하니까 이상해!

😀 요즘 초등학생이 얼마나 할 게 많은지 알아? 학교, 학원, 숙제, 시험이라는 끝도 보이지 않는 삶을 살고 있다고!

😊 테스트가 꼭 나쁜 건 아니야. 내 실력이 어느 정도인지 평가할 수 있는 좋은 기회이기도 해. 참, 미래에는 인공지능이 인간의 일을 대신하고, 그 시간에 너희들은 하고 싶은 일을 하게 될 거야.

😀 내 공부를 대신할 인공지능이라니! 빨리 만나고 싶어.

내가 대신 예약해 줄게

챗봇은 인간과 문자로 대화를 주고받는 컴퓨터 시스템이야. 챗봇이 나처럼 음성으로 말하는 경우에는 음성인식 봇이라고도 부르지.

그러고 보니 지난번에 엄마가 인터넷 쇼핑을 하면서 문자를 주고받길래 누구와 주고받느냐고 했더니 챗봇이라고 했어. 난 인간의 이름이 챗봇인지 알았지. 하하!

사실 나 요즘 뢰브너 상 대회에 나가 볼까 생각 중이야.

갑자기? 뢰브너 상 대회는 뭐야?

챗봇의 실력을 겨루는 대회야. 튜링 테스트를 기반으로 만들어진 대회로 1991년부터 열리고 있지. 뢰브너 상 대회에서는 챗봇이 인간과 얼마나 비슷하게 대화하는지를 평가해.

🧒 튜링 테스트는 싫다고 하더니, 뢰브너 상 대회는 왜 나가고 싶은 거야?

🤖 챗봇 친구들도 만나고 싶고, 나의 대화 실력이 얼마나 늘었는지 확인하고 싶거든.

🧒 이번 대회에서 유력한 우승 후보는 어떤 챗봇이야?

🤖 스티브 워스윅이 개발한 챗봇인 미츠쿠야. 미츠쿠는 뢰브너 상 대회에서 이미 5회 정도 우승했어.

🧒 우승한 미츠쿠는 인간처럼 대화할 수 있어?

🐥 아니. 튜링 테스트 기준으로는 33 % 정도만 인간과 비슷한 정도야. 아직은 인공지능이 인간처럼 말하기는 힘들고 어렵거든!

🐣 챗봇은 언제 처음 생긴 거야?

🐥 1966년에 처음 등장했어. 첫 챗봇의 이름은 엘리자였지. 엘리자는 정신과 의사가 환자와 대화하는 방식으로 말하는 인공지능이었어. 그런데 엘리자는 상대방에게 계속 질문만 던졌어.

🐣 챗봇이 처음부터 인간과 자유롭게 이야기를 주고받았던 건 아니구나?

🐥 응. 1995년에 개발된 엘리스가 인간과 대화다운 대화를 나눈 첫 챗봇이야. 하지만 이때도 정해진 단어가 나오면 준비한 답을 말하는 식이었어.

🐣 미리 다 정해 놓으면 대화하는 재미가 없을 텐데!

🐥 엘리스 등장 이후로 챗봇은 눈부시게 발전했어. 어떠한 질문에도 대답할 수 있도록 프로그램되었지. 요즘에는 쇼핑을 예약하는 챗봇, 부동산·세금 관련 공공서비스를 대신해 주는 챗봇 등 다양한 분야에서 전문적으로 활동하고 있는 챗봇이 많아. 전문직 챗봇을 위한 주제별 전문가 튜링 테스트도 있어.

😀 나는 전문적인 일을 하기보다는 너희와 대화하는 게 더 좋아.

😀 너는 충분히 잘하고 있어. 뢰브너 상 대회에 나가면 무조건 1등할걸?

😀 나, 마음을 바꿨어. 대회에는 나가지 않는 걸로! 대회에서 우승하면 내가 엄청 바빠질 거야. 나를 사용하려는 사람들이 많아질 테니까. 그러면 너희랑 대화할 시간이 줄어들잖아. 매년 대회 준비만 해야 하고.

😀 우리도 네가 바빠지면 심심할 거야. 하지만 네가 상을 받으면 좋을 텐데……. 아, 내게 좋은 생각이 있어.

우리가 준비한 상은…

너에게 '최고의 친구상'을 선물할게. 우리 마음을 가득 담아서 말이야. 어때?

돈보다는 마음이 더 중요하지.

고마워. 그런데 인간들은 상금을 더 좋아하는 것 같던데?

누가 기계고, 누가 인간이야?

🙂 나도 쌍둥이 동생이 있었으면 좋겠어.

🙂 갑자기 왜 동생 타령이야? 그것도 쌍둥이 동생이라고?

🙂 우리 반에 쌍둥이 자매가 있는데, 정말 똑같이 생겨서 구별하기가 힘들어. 난 쌍둥이 자매 중 동생과 친한데 가끔 언니가 동생인 척하지 뭐야.

🙂 그거랑 쌍둥이 동생이 있었으면 하는 거랑 무슨 관계가 있는 거야?

🙂 나도 나랑 똑같이 생긴 사람이 있었으면 좋겠어. 복제인간처럼 나 대신 다른 곳에 가기도 하고, 친구들을 놀려주고 싶기도 하고. 하하!

🙂 너에게 갑자기 동생이나 쌍둥이가 생길 리는 없잖아! 지금은 너와 똑같은 안드로이드가 생기길 바라는 게 더 현실적이야.

🙂 안드로이드? 그게 뭐야?

🙂 안드로이드는 인간의 형상을 하고 있는 인공지능 로봇이야. 인간처럼 두 다리로 걷고, 인간과 비슷한 체형과 인공지능 두뇌를 가졌어.

🤖 와! 그럼 나와 똑같은 안드로이드 로봇을 만들어야겠어.

🤖 혹시 아시모나 휴보도 안드로이드야?

🤖 아시모나 휴보를 알다니 대단한걸. 아시모나 휴보는 휴머노이드 로봇이야. 휴머노이드도 안드로이드처럼 두 발로 걷고, 두 손으로 무언가를 조작할 수 있어. 만화 영화에 나오는 건담, 철인 28호 등이 휴머노이드 로봇과 비슷해.

🤖 안드로이드는 휴머노이드 로봇과 뭐가 다른 거야?

🤖 안드로이드는 우선 외모가 인간과 거의 비슷해. 우수한 전자 두뇌를 갖고 있고, 인공 피부까지 있어서 겉으로 보기에는 인간과 똑같아 보이는 로봇이야.

🤖 안드로이드도 자세히 보면 다른 로봇처럼 어색해. 움직이는 동작이 아직은 자연스럽지 못하거든.

👧 내 눈에는 인간과 거의 똑같은 걸! 로봇이라는 걸 아는데도 얼굴이 인간과 거의 똑같아서 왠지 모르게 무서워.

🤖 그건 네가 불편한 골짜기 현상을 겪고 있는 거야. 인간이 인간과 거의 똑같은 로봇의 모습과 행동을 보면서 느끼는 거부감을 불편한 골짜기라고 해. 1970년에 로봇공학자 모리 마사히로가 처음 소개한 이론이야.

👧 불편한 골짜기가 어떤 느낌일지 알 것 같아. 나말고 다른 사람도 그런 감정을 느끼는구나?

🤖 그렇지. 이제 네 쌍둥이 동생 안드로이드를 만들어서 데려와 볼까?

👧 아…아니! 난 그냥 혼자가 좋아. 아직 마음의 준비가 되지 않았어.

내가 만든 떡볶이 한 그릇 먹어 볼래?

😀 인공지능 로봇 중에는 새로운 맛을 개발하는 셰프도 있어.

😃 인공지능이 하는 요리는 맛이 없을 것 같은데?

😀 무슨 소리! 인공지능은 세계 유명 요리사의 레시피를 학습해서 완벽하게 조리해. 소비자의 반응과 가상 시나리오까지 분석해서 참신한 레시피를 개발하기도 한다고.

🧒 대단하네! 설마 글도 쓸 줄 아는 건 아니겠지? 소설이나 시 같은 거 말이야.

🤖 하하. 인공지능은 글도 매우 잘 써. 인공지능이 쓴 시와 인간이 쓴 시를 구별할 수 없을 정도야.

🧒 말도 안 돼. 네가 인공지능이니까 지금 인공지능 편을 드는 거지?

🤖 하하. 정 믿기 힘들다면 내가 시 한 편을 읽어 줄게. 인간과 인공지능 중 누가 썼는지 알아맞혀 볼래?

달리는 구름과 바람은
잠든 적이 없는 창을 때리며
모든 문을 열고
마침내 사랑으로 나를 감싸도
나는 어둠 속에서
나의 그대를 본다

네가 질문한 걸로 봐서는 답은 인공지능인데, 아무래도 그건 말이 안 돼.

'우리의 봄은 끝났다'라는 시야. 인공지능의 작품이지.

🤖 퀴즈를 하나 더 낼게. 변호사와 인공지능 중에 누가 더 변호사 역할을 잘하는지 대회를 열었어. 누가 이겼을까?

😀 왠지 불길해. 네가 질문한 걸로 봐서는 인공지능이 이겼을 것 같아.

🤖 맞아. 이 대회의 주제는 근로계약서에 관한 법률 자문이었어. 인공지능이 딥 러닝을 이용해서 압승을 거뒀지. 그것도 두 배에 가까운 큰 점수로 말이야. 하하!

😀 요리, 글쓰기, 변호까지 다 인공지능이 인간보다 잘한다니 자존심이 팍팍 상하는데!

🤖 이것까지 말하면 너희들이 더 실망할텐데.

😀 지금까지 다 이야기해 놓고, 새삼스럽게 뭘!

🤖 최근 들어서 인공지능 면접관을 도입한 기업도 늘어나고 있어. 면접자의 표정이나 음성, 감정을 실시간으로 분석해서 객관적인 평가를 할 수 있다고 해.

😀 너무해! 인공지능의 평가로 인간이 취직을 할 수도 있고, 못 할 수도 있는 거잖아!

🤖 얘들아, 진정해! 인공지능의 판단으로만 결정하는 것은 아니야. 당연히 인간 면접자가 판단해서 최종 결론을 내려. 인공지능은 옆에서 돕기만 할 뿐이야.

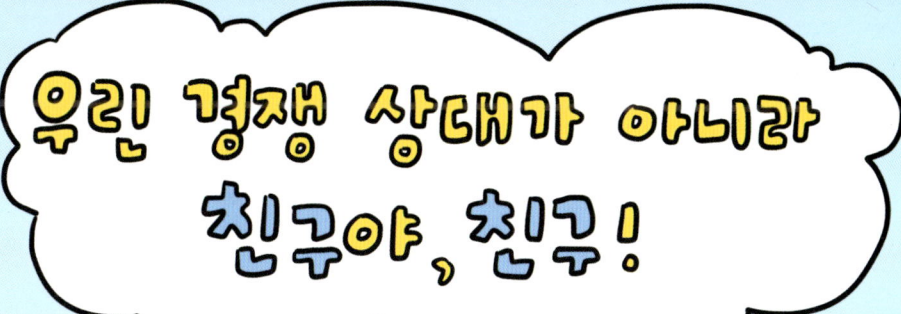

4

나도 눈, 코, 입이 있어

난 눈이 좋아

🧒 아파트 단지 내의 놀이터라고 했지? 혹시 CCTV가 설치되어 있어서 엄마가 텔레비전으로 영상을 확인한 거 아닐까? 확인해 봐!

👦 역시 네 말이 맞았어. 텔레비전을 틀어보니 내가 놀았던 놀이터가 나오더라고. 그런데 저건 뭐지? 녹색 사각형 모양이 놀이터에서 놀고 있는 내 친구를 따라다니고 있어.

🧒 저건 지능형 CCTV야. 카메라를 통해 들어온 이미지를 실시간으로 처리해서 위험한 행동이 예측되면 알려 주는 인공지능 기술이야.

👦 그냥 지나가는 사람일 수도 있는데 위험한 상황을 어떻게 예측한다는 거야?

🧒 지능형 CCTV는 포즈를 인식할 수 있어. 카메라가 인공지능의 눈 역할을 하는 거지. 인공지능이 머리, 목, 어깨, 손목, 엉덩이, 발목 등 관절의 위치를 좌표로 표시해서 관절과 관절 사이의 움직임을 관찰한 뒤 위험한 상황을 예측하는 거야.

👦 지능형 CCTV가 지켜 준다고 생각하니까 안심이 돼. 엄마가 나를 감시하는 건 좀 싫지만!

🧒 지능형 CCTV와 같이 인간의 눈을 대체하는 인공지능 기술을 이미지 인식이라고 해.

😊 예전에는 인공지능이 고양이와 강아지도 제대로 구별하지 못했어. 그런데 딥 러닝 기술이 발달하면서 인간보다 더 정확하게 볼 수 있게 되었지.

😊 인간보다 더 잘 본다고?

😊 2018년에 제프리 힌턴, 요슈아 벤지오, 얀 르큉 교수가 이미지를 인간보다 더 잘 볼 수 있는 딥 러닝인 합성곱 신경망을 개발했어. 이것으로 그해 튜링상을 받았지.

😊 합성곱? 갑자기 곱창 먹고 싶다.

😊 하하! 곱창과는 아무 상관없어. 인간에게 눈의 역할이 중요한 것처럼, 인공지능에게도 이미지나 문자, 영상을 정확하게 분석하는 기술이 중요해. 합성곱 신경망은 바로 이런 시각적 영상을 분석하는 인공 신경망이야. 영어 약자로 CNN이라고도 해.

😊 인공지능에게 본다는 건 어떤 의미야?

😊 우선 인간의 눈이 어떻게 작동하는지 알려 줄게. 인간이 눈을 떠서 물체를 보면, 물체에서 오는 빛이 인간의 눈의 수정체를 통과하면서 망막에 닿게 돼. 그러면 망막에서 시각 신경을 지나 물체의 정보를 뇌에 전달하지. 뇌는 물체의 정보를 모은 뒤 기존에 학습하고 경험한 것을 토대로 정리해서 네가 본 물체가 무엇인지 알려 줘.

🙂 인공지능이 보는 것도 인간의 눈과 비슷해?

🤖 응. 인공지능의 시각적 영상을 담당하는 합성곱 신경망이 물체의 특징들을 뽑아 특성지도를 만들어. 그리고 이것을 분류하여 학습한 데이터와 가까운 정답을 찾지. 인간이 이미지를 기억할 때 여러 특징들을 합쳐서 하나의 사물을 기억하는 것과 같아.

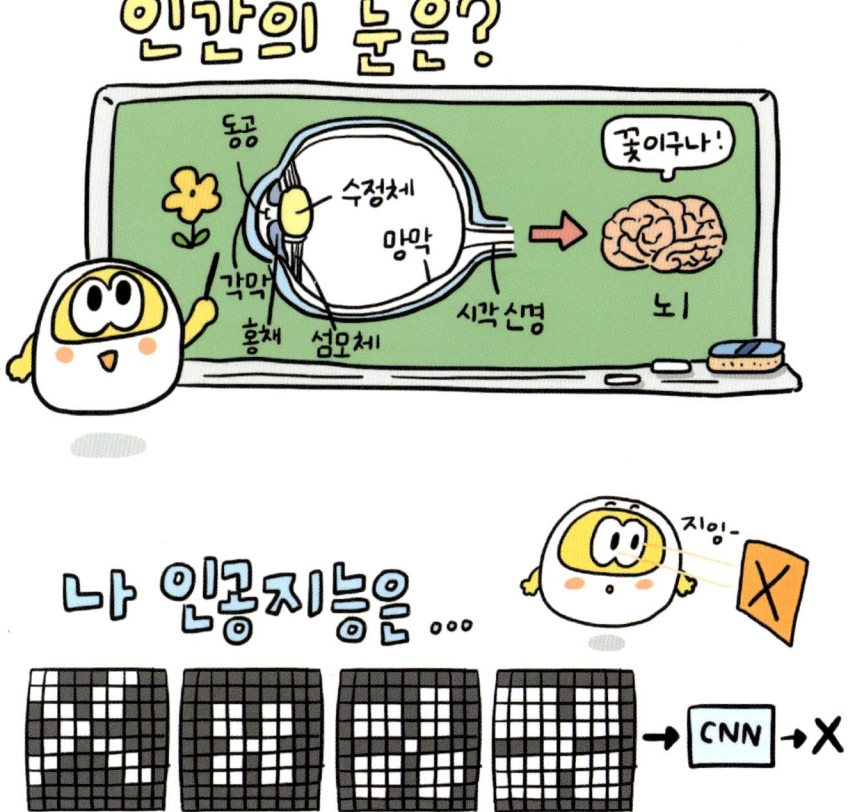

나도 처음 만난 친구를 기억할 때 그 친구의 머리카락 색깔이나 옷차림, 키 등 눈에 먼저 띄는 것으로 기억해.

인공지능도 인간의 뇌를 본떠서 만들었기 때문에 원리가 비슷한 거야.

생각보다 쉽네!

사실 쉬운 과정은 아니야. 인공지능은 수많은 샘플을 모으고, 계산, 출력 과정을 거쳐야 해. 이런 과정을 수백 번 반복하면서 여러 특징을 추출하는 거야.

난 인공지능은 한 번만 보고 뭐든 할 수 있는 줄 알았는데, 인공지능도 보고 또 보고를 반복하면서 정교하게 하나의 지도를 만드는구나!

그렇지. 이제 너도 인공지능 전문가가 다 되었네.

🙂 곱창 신경망은 인간에게 어떤 도움을 주는 거야?

😀 곱창이 아니라 합성곱이라니까! 합성곱 신경망은 지구 환경을 지키는 데도 도움이 되고 있어. 드론이나 항공기로 바다에 떠다니는 해양쓰레기를 촬영한 뒤, 그 이미지를 분석하기도 해. 이 자료를 가지고 해양쓰레기를 모니터하고, 지구 환경을 회복하는 데 큰 역할을 하고 있어.

🙂 인공지능이 지구 환경을 위해 노력한다니 멋져.

🙂 오늘 과학 시간에 지구 온난화에 대해 배웠는데, 지구 온난화 때문에 멸종되는 동물들이 많다고 하더라고. 인공지능이 할 수 있는 일이 없을까?

😀 당연히 있지. 인공지능은 멸종 위기 동물 문제에도 큰 역할을 하고 있어. 위성 카메라를 인공지능 딥 러닝과 연결시켜 멸종 위기종을 관리하고 있어.

🙂 대단한데!

😀 얼마 전에는 이 기술로 지구에 사는 코끼리의 수도 파악했어. 인공지능이 우주에서 코끼리의 수를 센 거야. 사람의 눈으로 코끼리를 세는 것보다 더 정확하니까.

🙂 신기하다. 우주에서 코끼리 수를 세다니. 곱창 신경망 정말 최고야!

😀 합성곱 신경망이라니까!

🙂 우리 엄마도 멋진 인공지능과 친구가 되면 좋은데!

🤓 너희 엄마는 이미 인공지능을 많이 쓰고 있어. 온라인 쇼핑몰에서 물건을 구입할 때도 인공지능이 사용되거든.

🙂 온라인 쇼핑을 할 때 인공지능이 사용된다고?

🤓 소비자가 상품을 검색해서 원하는 무늬나 이미지를 찾으면, 딥 러닝이 다른 비슷한 상품을 추천해 줘. 또 합성곱 신경망을 이용하면 공장에서 인간이 식별하기 어려운 불량품을 찾아낼 수 있어. 공항에서 엑스레이로 수하물을 검색하여 위험물을 찾아내는 데도 인공지능이 쓰이지.

🙂 인공지능이 좋은 일을 티 안 나게 많이 하는 것처럼, 나도 좋은 일을 티 안 나게 많이 해야겠어. 우선 이 빵부터…!

난 귀도 밝아

🙂 인공지능은 귀가 없는데 어떻게 들을 수 있어?

🤖 딥 러닝의 하나인 순환 신경망을 이용하면 돼. 순환 신경망을 RNN이라고 하는데, 주로 시간에 따라 연결되는 것을 분석해. 대표적으로 음성이나 문장과 같은 언어를 분석하는 데에 쓰여.

🤖 음성 분석은 어떻게 하는 거야?

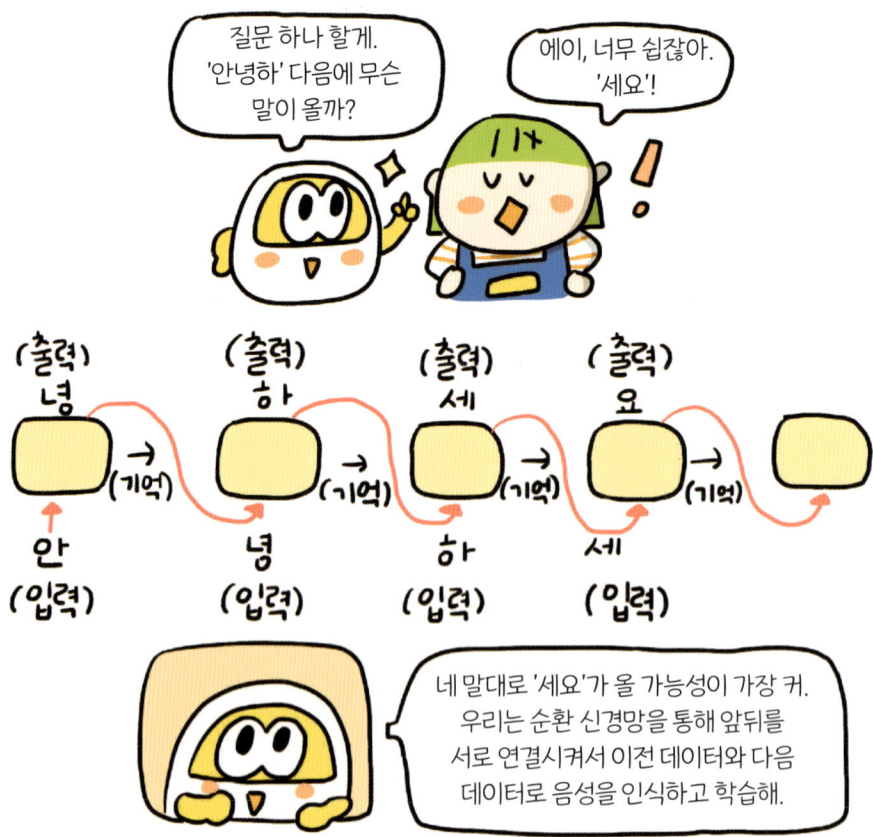

난 냄새도 잘 맡고, 맛도 잘 봐

🐱 인간의 코가 냄새 맡는 것을 본떠 만든 전자 코가 있어. 이래 봬도 1950년대부터 연구가 시작되었다고. 지금은 전자 코와 인공지능을 결합하여 냄새의 패턴을 인식하고 성분을 분석해서 다양한 연구 활동에 쓰이고 있지.

🐶 전자 코라니, 놀라움의 연속이야. 전자 코를 활용해서 어떤 연구를 하는 거야?

🐱 예를 들면, 암세포 특유의 냄새를 학습한 뒤, 데이터로 암 환자를 찾아내는 일을 해. 환자가 내뱉는 숨에서 암세포가 만들어 내는 물질을 채취한 뒤 폐암 환자를 찾는 거야.

🐶 전자 코가 암을 발견하는 일을 하는 거네?

🐱 응. 또 전자 코는 오랜 시간에 걸쳐 냄새를 기억해서 분석할 수도 있어.

🐶 나도 전자 코처럼 냄새를 기억해서 오래 맡을 수 있으면 좋겠어. 치킨 냄새를 맡으며 잠들고 싶거든.

🐱 치킨 향수라도 만들어 줘야겠네!

🐶 아니, 아니. 치킨은 뭐니뭐니해도 직접 먹으면서 냄새를 맡아야 해. 난 진정한 치킨 마니아니까.

🐱 전자 코도 인간의 코와 기능이 비슷해. 냄새로 물질의 성분을 분석하거든.

🐶 어떻게 냄새를 맡는지 정말 궁금해. 알려 줘.

인간의 코에 냄새 분자가 들어가면 콧속에서 냄새를 받아들이는 후각 수용체와 냄새 분자가 결합하여 전기 신호를 만들어 내. 그리고 이 신호가 후각 신경을 통해 뇌로 전달되지.

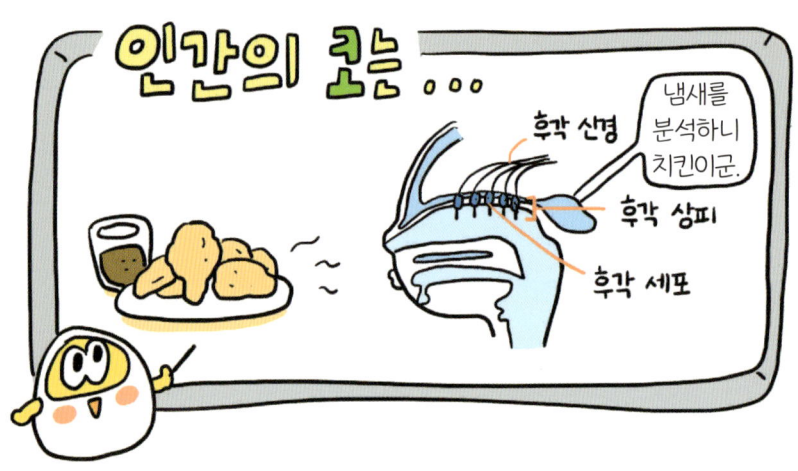

🧒 뇌에서 냄새가 뭔지 알려 주는 거야?

👧 뇌가 냄새와 관련 있는 경험이나 학습을 토대로 이것이 무엇인지 추측하는 거야.

🧒 혹시…… 전자 코로 상한 음식도 찾을 수 있어? 그건 좀 어렵겠지?

👧 당연히 찾을 수 있어. 전자 코로 부패한 음식을 찾아내고 신선도가 어느 정도인지도 알 수 있어.

🧒 우리 아빠 코보다 민감하네! 어제 아빠가 어묵볶음을 해 주셨는데 이상한 냄새가 나더라고. 그래서 아빠에게 이야기했더니 아빠는 아무 냄새도 안 난다는 거야. 결국 저녁 먹고 나서 나랑 엄마는 설사를 하고, 배가 아파 병원까지 다녀왔다니까!

👧 저런, 아빠가 냄새에 민감하지 않구나.

🧒 우리 아빠를 위해 전자 코가 탑재된 냉장고를 선물하는 건 어떨까? 냉장고 안에 전자 코를 넣어 두면 인공지능이 상한 음식을 알아서 버리라고 알려 줄 테니까.

👧 오! 멋진 아이디어야. 넌 발명에도 소질이 있네.

🧒 이제 알았어? 내 별명이 하나 더 생겼네. 천재 발명가. 하하!

👧 정말 못 말려!

인간의 혀는...

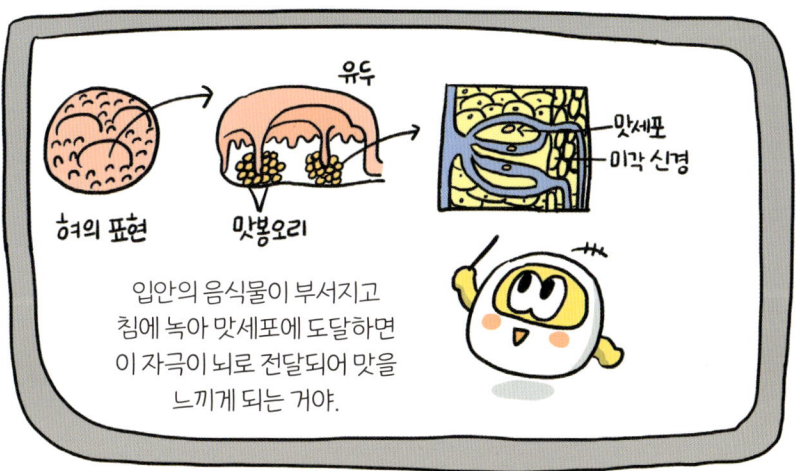

입안의 음식물이 부서지고 침에 녹아 맛세포에 도달하면 이 자극이 뇌로 전달되어 맛을 느끼게 되는 거야.

😊 전자 혀도 있어. 인간의 혀를 모방해서 만들었지. 인공 지능 전자 혀는 맛을 분석해서 어떤 물질인지 알아내는 역할을 하지.

😀 프라이드 치킨은 브랜드마다 맛이 다른데, 그런 미묘한 차이도 알 수 있어?

😊 그럼. 그보다 더 미묘한 차이도 구분할 수 있어. 가짜 위스키와 와인도 구별할 수 있고, 수많은 맥주의 맛도 감별하고 있지.

😀 오! 이제부터 너를 맛의 감별사라고 불러 주겠어.

😊 하하! 고마워.

5

내 자랑 좀 할게

나는 자동차로 변신할 수 있어

🧑 미래에는 자율 주행 자동차가 도로에서 일어나는 많은 문제를 해결해 줄 거야.

🧒 자율 주행 자동차? 그게 뭐야?

🧑 운전자 없이도 자동차 스스로 도로에서 달릴 수 있는 차를 말해. 장애물을 파악하고, 다가오는 차나 보행자의 움직임에도 대응할 수 있어. 상황에 맞는 다양한 정보를 수집하고 분석하는 데 인공지능 기술을 이용하는 거야.

🧒 영화에서 봤어! 그런 차가 실제로 있다니 놀라워. 그런데 도로를 달리는 것과 주차 문제는 다른 거 아니야?

🧑 미래에는 자율 주행 자동차를 부르기만 하면 원하는 곳으로 오니까 주차 개념이 많이 없어질 거야! 원하는 목적지까지 데려다 주고, 또 다른 곳으로 가는 식이지. 또 부품에 이상이 생기면 알아서 서비스센터에 가서 수리도 받고.

🧒 우와! 대단해. 정말 스스로 모든 것을 알아서 하는 자동차네?

🧒 아직 만들어지지 않은 거지? 언제쯤 자율 주행 자동차가 나오는 거야?

🧑 지금도 자율 주행 자동차가 운행되고 있어. 하지만 아직은 완전한 자율 주행 자동차는 아니야.

🧒 완전한 자율 주행 자동차가 아니라니 무슨 말이야?

🤖 운전자가 운전에 참여하는 정도에 따라 0에서 5단계까지 구분해. 현재의 자율 주행 자동차는 2~3단계야.

🤖 자세히 설명해 줘!

🤖 0~2단계는 인간이 운전하고, 인공지능의 도움을 받는 단계야. 3단계부터는 자동차가 주도적으로 운전하고, 5단계가 되면 100 % 자동차 스스로 운전해.

🤖 로봇을 타고 가는 거나 마찬가지네. 하하!

🤖 맞아. 자율 주행 자동차는 로봇처럼 보행자의 움직임을 살피고, 속도를 조절하여 다른 차들과 부딪히지 않게 운전할 수 있어.

😊 자율 주행 자동차는 어떻게 움직이는 거야?

🤖 GPS라고 들어 봤어? GPS는 인공위성을 이용하여 위치를 정확히 알아내는 시스템이야. 내비게이션에도 있지.

😊 우리 아빠 차에도 내비게이션이 있어. 어디로 가는지 알려 주고 과속하면 경고도 해줘. 그런데 우리 차는 아빠가 직접 운전을 해.

🤖 자율 주행 자동차에는 GPS 외에도 다른 기능이 많아. 우선 지붕 꼭대기에 있는 라이다는 자동차 주변을 입체적으로 인식해. 그래서 주변을 지도처럼 만들어서 안전한 주행을 도와주지. 1초당 수백만 개에 달하는 레이저광선에서 나오는 빛을 이용해 시간을 계산해서 거리를 측정하는 거야.

😊 와! 기계가 쉴 틈도 없이 움직이겠네?

🤖 인간의 생명을 좌우하는 일이니까 센서가 쉬지 않고 주변을 감시하는 거야. 카메라도 그 역할을 하고. 또 레이더라는 장치가 있어서 차의 전후좌우에서 전자기파를 쏘아서 물체에 반사된 신호를 분석하는 일을 해. 이것으로 목표물까지의 거리를 측정하고 속도 등의 정보를 모아.

😊 이걸 다 인공지능이 하는 거야?

🤖 응. 이 모든 정보들을 분석해서 인공지능이 안전한 운행을 할 수 있도록 판단하고 결정하는 거야.

내가 만든 카페 인기 메뉴

😊 와! 시원하고 달콤해. 이 음료수 누가 만들어 줬는지 알아?

😀 엄마가 만들어 주셨구나?

😊 아니, 엄마가 만든 딸기바나나 주스는 맛이 없어. 딸기랑 바나나만 넣어야 맛있는데 자꾸 내가 싫어하는 토마토와 당근도 넣거든.

😀 카페에서 산 거야?

😊 맞긴 한데… 음… 로봇이 만들어 줬어. 하하!

😀 집 건너편에 있는 무인 카페에 다녀왔구나?

😊 응. 엄마에게 음료수 사 달라고 했더니 집에서 만든 게 가장 맛있다고 집에 가서 만들어 준다지 뭐야. 마침 무인 카페 앞을 지나는 길이어서 그곳으로 뛰어들어 갔지. 하하!

😀 네가 그 기회를 놓칠 리 없지.

😊 당연하지. 로봇팔이 순식간에 음료수를 만들어 주더라고. 그리고 내가 좋아할 만한 음료도 추천해 주었어. 요즘 어린이들에게 초코바나나 주스가 인기래. 하하! 어떻게 내 맘을 그렇게 잘 아는지.

참! 어제는 내 짝꿍이 강아지 로봇을 학교에 데리고 왔어. 정말 귀엽더라고.

강아지 로봇 아이보구나! 아이보는 코에 달린 카메라 센서로 사람 얼굴을 알아볼 수 있지.

맞아. 내가 부르니까 날 쳐다보면서 달려오는 거야. 요새 짝꿍네 집에 자주 가서 강아지 로봇과도 친하거든.

주인과 소통하는 법도 학습했나 보네. 아이보는 다른 아이보와 학습한 데이터를 서로 공유하기도 해.

엄마한테 강아지 로봇을 사달라고 했더니 시험에서 100점 맞아야 사 준다지 뭐야.

열심히 공부해서 100점 맞으면 되잖아.

난 공부보다는 로봇 이야기가 더 재미있어. 너와 친구가 되고 난 후 로봇공학자가 되고 싶어졌어. 하하!

내가 그린 그림 한 장에 4억

🍙 2018년에 인공지능이 그린 '에드먼드 벨라미의 초상화'라는 작품은 4억 9,300만 원에 팔렸어.

🥬 인공지능이 그린 그림이 그렇게 비싸게 팔렸다고?

🍙 인공지능 알고리즘인 생성적 대립 신경망으로 그린 그림이야.

🥬 생성적 대립 신경망은 뭐야?

🍙 창작할 때 많이 쓰이는 딥 러닝 기술이야. 진짜 같은 가짜 이미지나 음성을 만들어 낼 수 있어.

🥬 너무 어려워.

🍙 쉽게 이야기해 줄게. 우선 화가의 역할을 하는 인공지능에게 피카소의 그림을 따라 그리게 해. 그다음, 그림을 평가하는 역할을 하는 인공지능에게 피카소의 그림을 따라 그린 그림이 진짜인지 판별하라고 시키지.

🥬 또 인공지능이 반복 학습을 하겠구나!

🍙 맞아. 이런 과정을 수천 번 거치고 나면 화가 역할을 하는 인공지능이 진짜처럼 그림을 잘 그리게 되는 거야. 이 알고리즘을 영어로 GAN이라고 해.

🥬 갠(GAN) 누군데 피카소의 그림이 진짜인지 아닌지 구별이 안 될 정도로 잘 그리는 거야?

🍙 지금 아재 개그 한 거지?

🙂 그런데 진짜와 똑같이 그려도 진짜는 아니잖아? 다른 사람을 속일 수도 있겠는걸?

🤖 맞아. 요즘 인공지능 기술을 악용하는 인간들이 원본 이미지에 다른 얼굴을 합성해서 진짜인 것처럼 만들기도 해. 그래서 사회적으로 문제가 되고 있지.

🧒 인공지능 기술을 필요한 곳에 잘 쓰는 것이 무엇보다 중요한 일이네. 그렇지?

🤖 맞아. 기술이 어떻게 쓰이냐에 따라 도움이 되기도 하고, 피해를 주기도 하지.

🙂 갠(GAN) 또 뭘 할 수 있어?

🤖 인공지능 기술인 GAN은 음악 분야에서도 활용하고

있어. 현재 세상에 없는 가수의 목소리로 노래를 부를 수도 있지. 가수의 발음, 호흡까지 완벽하게 따라 하기도 해.

🙂 갠(GAN) 별 걸 다 하는구나!

😊 인공지능은 더 완벽한 진짜 같은 가짜를 만들어 낼 수 있어. 가짜를 합성하는 신경망과 음성을 판별하는 신경망이 서로 경쟁하는 효과를 톡톡히 보는 거지.

🙂 인간 화가들이 인공지능 화가를 싫어할 것 같아.

😊 천만에! 인간 화가들이 인공지능 화가와 협업해서 하나의 작품을 만들어 내기도 해. 미술계에서는 인공지능 작품이 새로운 장르가 될 거라며 환영하는 분위기야. 하지만 한편에서는 예술적 감정이 없는 작품을 예술로 볼 것인가에 대한 반박도 많아.

🙂 나의 예술적 재능을 인공지능 화가와 함께 만들어가는 것도 좋을 것 같아. 인공지능이 많이 도와주겠지? 하하!

난 코로나19 펜데믹을 이미 알고 있었지

🧒 코로나 바이러스 때문에 밖에 나가서 놀지도 못하고, 내가 좋아하는 놀이공원도 못 가고. 전염병이 이렇게 무서운지 몰랐어.

🤖 인공지능은 이런 상황이 벌어지기 전에 이미 예측했었어. 그런데 인간들이 조심하지 않았던 거야.

🧒 무슨 말이야? 인공지능이 코로나 바이러스가 전 세계로 퍼질 거라는 걸 알고 있었다는 거야?

🤖 응. 전염병이 확산되는 것을 추적, 경고하는 인공지능 소프트웨어가 있어. 바로 인공지능 블루닷이야. 블루닷은 에볼라, 지카, 사스, 코로나 바이러스의 확산을 예측했어.

🧒 블루닷이 어떻게 코로나 바이러스 확산을 미리 알 수 있었던 거야?

🤖 블루닷은 전 세계 65개 나라의 병원 시설의 현황과 뉴스 데이터를 수집하고 있어. 게다가 가축 및 동물 데이터, 국제 항공 이동 데이터, 실시간 기후 변화 데이터를 24시간 안에 분석하고 처리하지. 블루닷은 2017년 지카 바이러스가 처음 나타난 곳도 분석하고 예측했어.

🤖 인공지능은 인간이 맞는 백신을 개발하는 데 필요한 시간과 비용도 단축시켰어.

🧒 인공지능이 백신을 만드는 데 무엇을 도와줬다는 거야?

🤖 인공지능은 전염병을 일으키는 세균이나 바이러스의 단백질 구조가 다른 화합물과 만났을 때 어떻게 바뀌는지 예측할 수 있어. 이 예측을 활용해서 백신이나 치료제의 성분을 제안하기도 하지.

🧒 인공지능이 백신 개발에도 도움을 준 거네?

🤖 맞아. 인간이 백신과 관련된 논문을 찾아 모두 읽으려면 많은 시간이 걸려. 그런데 인공지능은 30초당 백신 관련 논문을 한 편씩 신속하게 찾아낼 수 있어.

🧒 우와! 대단해!

🤖 인공지능은 코로나 바이러스로 인한 폐렴인지 일반 폐렴인지도 진단할 수 있어.

이건 일반 폐렴..
이건 코로나 바이러스 폐렴

🧒 인공지능이 폐렴을 어떻게 진단해?

👦 코로나 바이러스에 걸린 폐의 사진들을 모아서 그 차이를 학습해. 많은 데이터를 학습할수록 정확도가 올라가지. 인공지능은 코로나 바이러스에 감염되어 생긴 폐렴을 확인하는데 300~400개의 CT 스캔을 20초 안에 평가했어. 덕분에 의사들은 더 중요한 일에 집중할 수 있었지.

🧒 혹시 팬데믹 기간에 얼굴을 인식하고 체온을 체크하는 기계도 인공지능 기술이 사용된 거야?

👦 맞아. 인공지능은 인간의 얼굴을 인식해서 체온을 체크하고 마스크를 올바르게 쓰고 있는지 확인해. 원격진료 등 인간끼리의 접촉을 최소화할 수 있도록 재택근무 환경을 만드는 데도 인공지능이 크게 활약하고 있어.

😮 사회에 큰 역할을 할 수 있는 너를 우리만의 친구로만 데리고 있는 게 좋은 걸까? 너도 어딘가에 보내야 할 것만 같아. 흑흑!

😯 맞아. 너도 뭔가 큰일을 할 수 있을 텐데! 방법이 없을까?

😀 하하! 난 너희 친구로서의 역할에 충실할 거야. 그게 내 역할이니까.

😯 아하! 좋은 생각이 났어. 앞으로 너는 내 학교 시험 문제로 뭐가 나올지 뽑아 주는 일을 하면 어때? 내가 공부를 안 하겠다는 것도 아니고, 나쁜 기술도 아니잖아. 나는 단지 너의 능력을 발휘할 기회를 주는 거야.

😀 물론 가능하지. 내가 매일 1만 개의 예상 문제를 뽑아 줄게. 충분하지?

😮 쳇! 나 같으면 그 문제를 다 푸느니 그냥 공부하는 게 낫겠다!

😯 맞아. 나를 도와주는 게 아니라 골탕먹이려는 느낌인데!

😀 기술은 어떻게 활용하느냐에 따라 좋은 기술이 될 수도 있고, 나쁜 기술이 될 수도 있다고 했잖아! 이제는 그런 부탁은 안 할거지?

6

내
친구들을
소개할게

모든 데이터는 내게 맡겨, 빅데이터

😊 나보고 다른 친구 사귀라고? 쳇! 나도 이미 친한 친구들이 있다고!

😊 뭐라고? 우리 말고 또 친구가 있다는 거야?

😊 그럼. 내가 너희 말고는 친구가 없을 거라고 생각했어?

😊 그건 아니지만 우리가 부르면 항상 바로 대답하길래 우리랑만 친한 줄 알았지.

😊 내 친구는 총 셋인데 그중 하나가 빅데이터야.

😊 이름 진짜 촌스럽다! '빅'이란 글자가 들어가는 거 보니까 한 덩치 하나 봐?

😊 맞아. 그 친구는 거대해. 많이 먹어서인지 용량도 크고 속도도 빨라. 게다가 좋아하는 것도 엄청나게 많아. 자료를 끝없이 갖고 싶어 하지.

😊 욕심 많은 건 안 좋은데!

😊 내 친구에 대해 함부로 말하지 마. 빅데이터는 나한테 큰 힘이 돼. 빅데이터가 없었으면 나도 없었을 거야.

😊 그 정도로 빅데이터와 친한 거야?

😊 난 공부할 때도 빅데이터와 항상 같이 해. 빅데이터는 나에게 필요한 많은 자료를 제공해 주거든. 네가 공부할 때 교과서, 참고서, 동영상 등 많은 자료를 가지고 공부하는 것과 비슷해.

😊 난 빅데이터를 만나기 전까지만 해도 인공지능의 역할을 잘하지 못했어. 빅데이터를 만나고 내 능력이 향상되면서 너희와 친구도 될 수 있었던 거야.

😊 빅데이터와 그런 인연이 있는 줄은 몰랐어. 빅데이터는 어떻게 만났어?

😊 빅데이터는 인터넷이 발달하고 스마트폰이 널리 쓰이고, 사물과 사물을 연결하는 센서가 발달하면서 자연스럽게 만났어.

😊 빅데이터가 어떤 친구인지 정말 궁금해!

😊 빅데이터는 학교 가는 길에 있는 CCTV 기록도 다 갖고 있어. 네가 편의점에서 사 먹는 간식의 카드 내역, 휴대전화 인터넷 검색 내역, SNS 내역, 게임 내역 등 모든 기록을 가지고 있지.

😊 내가 어제 편의점에서 아이스크림 사 먹은 것도 알고 있는 거야?

😊 응. 다 알고 있지.

😊 헉! 어떻게 나에 대한 정보를 다 알 수 있어? 스토킹 아니야?

😊 혹시 내 정보도 다 알고 있는 거야?

😊 아마도!

🐱 빅데이터가 모은 자료는 네가 어떤 음악과 음식을 좋아하는지, 또 네가 다니기에 위험한 도로나 장소는 없는지 도움을 주기 위해서 쓰이니 걱정하지 않아도 돼. 또 빅데이터는 자료를 개인적인 용도로 이용하거나 다른 사람에게 넘어가지 않도록 보안을 철저히 하고 있어. 이걸 어기면 처벌을 받지.

🧒 휴, 다행이다. 나는 엄마 몰래 불량식품도 종종 사 먹었는데…….

🐱 그건 이미 알고 있었지. 하하! 요즘은 인간이 생활하는 모든 일상이 데이터로 기록되고 있어. 인간은 공장, 사무실, 집안에서도 계속 데이터를 쏟아내고 있지.

🧒 데이터가 뭐야?

🐱 데이터는 컴퓨터가 받아들일 수 있는 정보를 말해. 자료와 비슷한 말이야. 예전에는 숫자만 데이터로 받아들였는데, 요즘에는 문서, 동영상, 이미지도 데이터가 돼.

🧒 혹시 내 컴퓨터 화면에 내가 좋아하는 게임과 치킨 광고가 계속 뜨는 것도 빅데이터가 내가 치킨을 좋아한다는 것을 분석했기 때문이야?

🐱 맞아. 너의 빅데이터를 활용해 맞춤 정보를 제공하는 거지.

😀 데이터랑 빅데이터는 어떤 관계야? 친척이라도 되는 거야?

😊 데이터의 종류로는 수치 데이터, 동영상 데이터, 이미지 데이터 등이 있어. 이런 모든 데이터를 한 번에 모아놓은 것이 빅데이터이고. 그래서 빅데이터는 규모가 엄청나게 크고, 속도도 빨라.

😀 말 그대로 거대한 데이터네. 혹시 빅데이터도 지구 환경 보호를 위해 활동해? 난 환경 보호를 위해 분리수거도 열심히 하고, 음식도 남기지 않으려고 덜어 먹는데…….

😊 빅데이터도 지구 환경을 위해 많은 노력을 하고 있어. 우리나라에서 태양광 발전이 가장 잘 되는 장소도 빅데이터와 인공지능 덕분에 알아냈어. 이 위치를 찾기 위해 1만 5,000여 건이 되는 연구 자료와 기상 정보 등의 빅데이터를 이용했어. 인공지능이 빅데이터를 활용하여 시간대별 에너지량을 예측하고 검증했지.

😀 태양광 에너지뿐만 아니라 다른 친환경 에너지도 어느 지역에 설치하는 것이 좋은지 알 수 있겠네?

😊 와! 거기까지 생각하다니, 대단한데! 이미 많은 자료를 분석하여 결과를 내놓고 있어.

🙂 난 알레르기 비염이 있어서 미세먼지가 있는 날에는 눈도 아프고 목도 안 좋아. 그것도 해결해 줘!

🤖 이미 빅데이터는 미세먼지가 어디에서 발생하는지 감시하는 시스템에도 도움을 주고 있어. 빅데이터와 인공지능이 서로 도우면 머지않아 해결책도 마련할 수 있을 거야.

🙂 너랑 빅데이터랑 서로 도움을 주면 효과가 더 커지는 거네?

🤖 맞아. 친구끼리는 서로 도와야 함께 발전할 수 있어.

🙂 나도 온샘이랑 다시 잘 지내야겠어.

🤖 그래, 네가 먼저 연락해 봐!

🙂 앗, 온샘이에게 문자가 와 있었어! 같이 놀이터에서 놀자고. 내가 먼저 연락했어야 하는데, 괜히 미안하네. 하하!

어디서든 가볍고 편하게, 클라우드

🤖 클라우드는 마음이 착한 친구야. 내가 데이터가 많아서 힘들 때, 클라우드가 내 데이터 일부를 가져가서 보관해 줘. 그러면 난 다시 가벼워지면서 들뜬 마음으로 일할 수 있게 돼.

👧 이름도 예쁘고, 마음도 구름처럼 부드러운 친구네.

🤖 내 친구 클라우드를 쓰고 있는 사람들도 많아. 클라우드는 너희가 저장하고 싶은 데이터를 인터넷을 통해서 중앙 컴퓨터에 저장할 수 있게 해 줘. 너희가 로그인만 하면 어디에서든 데이터를 다시 가져올 수 있어.

🐤 너희도 클라우드를 사용해 봤을 거야.

👧 난 지금 클라우드에 대해 처음 들었는데?

🐤 지난번에 너희 학교 온라인 수업 때 e학습터에 들어갔었잖아. 한꺼번에 많은 학생이 들어와야 해서 큰 장소가 필요했던 상황이었지. 그때 너희 반 선생님께서 클라우드로 온라인 수업 장소를 마련한 거야.

👦 그렇구나. 지난번에 엄마가 내 컴퓨터에 사진과 동영상이 너무 많이 저장되어 있다며 뭐라 하시더라고. 그러면서 인터넷상에 있는 더 큰 저장 공간에 저장해야겠다고 하셨어. 그것도 클라우드야?

🐤 맞아. 너희의 데이터를 너희 엄마가 내 친구 클라우드에게 나누어 준 거야. 클라우드에 데이터를 저장하면 어디

137

에서나 저장한 파일을 열어볼 수 있어서 편해.

클라우드에 데이터를 많이 주고 나니까 컴퓨터에 사진과 동영상을 더 많이 저장할 수 있어서 좋았어. 하하!

참, 인공지능이 알파고 덕분에 전 세계 사람들의 큰 관심을 끌었던 거 기억하지?

😀 당연히 기억하지! 나도 이세돌 아저씨와 알파고의 바둑 대결 덕분에 인공지능을 알게 되었거든.

😀 이세돌과 대결할 때, 알파고는 클라우드 시스템을 이용했어. 미국에 있는 구글 클라우드 센터에서 데이터를 받아서 바둑을 둔 거야.

😀 알파고가 그냥 계산해서 두면 될 텐데. 왜 힘들게 미국에 있는 클라우드 센터까지 왔다 갔다 한 거야?

😀 알파고가 이세돌과 바둑을 두기 위해서는 1,000대가 넘는 컴퓨터가 필요했어. 그래서 알파고는 클라우드에 모든 데이터를 넣어 두고 데이터를 사용하는 방식을 쓴 거야. 1,000대의 컴퓨터 없이도 언제 어디서나 데이터를 마음껏 쓰기 위해서였지.

😀 아! 이해했어. 인터넷으로 로그인만 하면 어디서든 데이터를 꺼내서 쓰고 있다고 했잖아.

😀 또 알파고는 바둑을 둘 때 1초에 1,000회 이상 모의실험을 해. 컴퓨터 여러 대가 하나의 네트워크로 연결되어서 함께 경기에 임한 거지. 이때도 클라우드 컴퓨팅이 큰 역할을 했어.

😀 인공지능이 쉽게 이긴 줄 알았더니 치열하게 경기를 했구나. 알파고의 승리는 인공지능과 클라우드의 합작품이네?

😀 그렇지. 그리고 클라우드는 다른 기능도 가지고 있어.

😀 데이터를 저장하는 기능 말고 또 있다고?

😀 응. 클라우드는 꼭 저장하는 공간만 제공하는 것은 아니야. 문서를 저장할 수 있는 소프트웨어나 필요한 재료가 되는 것도 제공해. 예를 들면, 문서 프로그램이나 수식 프로그램 등도 제공하지.

😀 너는 빅데이터, 클라우드와 같이 든든한 친구가 있어서 좋겠다. 뭐든지 할 수 있잖아!

😀 너도 마음을 열고 다양한 친구를 사귀어 보는 건 어때?

😀 너처럼 좋은 친구를 만날 수 있을까?

😀 네가 먼저 좋은 친구가 되려고 노력하면 돼.

😀 그럼 나만 손해 볼 수도 있잖아.

😀 네가 먼저 좋은 친구가 되면, 네 주변에 좋은 친구들이 많이 모이게 될 거야. 정말이야.

😀 나는 내일 당장 짝꿍이랑 온샘이랑 게임부터 해야겠어.

😀 짝꿍은 싫다며?

😀 새로운 친구를 사귀려면 노력을 해야지. 노력을 많이 해야 하니까 친구들과 하루 종일 게임을 해야 할 것 같아. 하하!

신속, 정확은 내 전문이야, HPC

빅데이터는 동영상, 이미지, 소리 등 다양한 데이터를 만들어 낸다고 했잖아. 그런데 인공지능이 데이터를 활용하려면 데이터를 숫자로 표시하는 연산 작업이 필요해. 이 작업을 HPC가 해 주는 거야.

HPC는 수학을 잘하나 봐. 그러면 HPC가 우리 수학 숙제를 다 해 주면 정말 좋겠다!

아이고! 정말 못 말려. HPC는 내게 없어서는 안 될 친구야. HPC가 날 도와준 덕분에 내가 많은 업무를 빨리 처리하고 새로운 기술을 만들 수 있게 되었거든.

😀 HPC와 내가 함께 할 수 있는 일이 떠올랐어. 난 친환경 전문가가 될 건데, 넌 나의 좋은 친구니까 네가 나의 HPC 역할을 해주면 좋겠어. 내가 친환경 전문가가 되기 위한 공부를 네가 다 해 주면 돼. 간단하지? 하하!

😀 또 시작이네! 우선 네가 잘할 수 있는 것을 찾아서 열심히 노력해 봐. 노력 없는 성공은 없어. 네가 꿈을 위해 열심히 노력한다면, 나도 충분히 도울 마음은 있어. 빅데이터, 클라우드, HPC와 함께 말이야.

😀 정말? 생각만 해도 설레는데! 내 친구 온샘이는 인공지능 로봇을 만들고 싶다고 하고, 내 짝꿍은 빅데이터 전문가가 되고 싶대. 내 친구들도 도와줄 거지?

😀 물론이지. 네 친구면 내 친구니까!

7

우리는
영원한
친구

내가 인간의 일자리를 빼앗는다고?

😊 지난 8년 동안 사라진 직업은 18개인 반면, 새로 생겨난 직업은 3,525개야!

😲 헉! 새로 생겨난 직업이 훨씬 많잖아! 새로 생겨난 직업은 어떤 게 있어?

😊 1인 크리에이터라고 하는 콘텐츠 창작자, 반려동물 행동 교정사 등이 새로 생겨난 직업이야.

🧑 새로 생겨난 직업과 관련되어 생겨난 직업까지 다 합치면 1만 2,823개나 돼.

🧒 미래에는 로봇과 인공지능이 물건도 다 만들고 운전도 해 주고 그림까지 그리니까 사라지는 직업이 더 많지 않을까?

🧑 미래 일자리에 대한 전문가들의 의견은 다양해. 과거처럼 일자리가 사라지는 대신, 새롭게 다른 일자리로 대체될 거라는 의견도 있고, 로봇과 인공지능이 발달하면서 전체적으로 일자리가 줄어들 거라는 의견도 있어.

🧒 만약에 일자리가 사라진다면 어떤 일자리부터 사라지게 되는 거야?

🧑 주로 정해진 순서나 일정한 규칙에 맞춰 일하는 직업이 사라질 거야. 결제를 담당하는 직업이나 공장에서 물건을 만들어 내는 직업, 변호사, 회계사, 보험사 등이 사라질 가능성이 높은 직업이야.

🧒 나 인공지능이 미워졌어. 내 친구들 말이 맞잖아.

🧑 꼭 나쁘게 생각하지는 않았으면 좋겠어. 오히려 다른 직업이 많이 생겨나기도 하고, 인공지능의 도움을 받고 더 성장하는 직업도 생길 거야.

🧒 새로운 직업도 결국 인공지능이나 로봇이 하게 될 수도 있는 거잖아.

🧓 미래학자들은 그 부분도 예측하고 있어. 미래에는 대부분의 인간이 기업에서 낸 정부의 세금으로 생활하고, 인간은 진짜 자신이 하고 싶은 일을 하는 시대가 오지 않을까 예측해.

🧒 오! 내가 진짜 원하는 일만 하면 정말 좋겠다. 그런데 기업에서 세금을 많이 안 내면 어떻게 되는 거야?

🧓 기업이 인간 대신 인공지능이나 로봇을 쓰면 로봇세를 부담해야 한다는 의견이 있어. 기업도 국민이 제품을 팔아 주어야 생존할 수 있는 거잖아. 이것은 빈부의 격차를 좁히는 데도 도움이 될 거야.

🧒 집안일도 인공지능이 다 해 주면 좋은데! 엄마도 아빠도 다 집안일이 어렵고 힘들다고 하더라고.

🧓 가사 노동은 매우 가장 힘든 직업에 속해. 그래서 양육과 가사 노동을 대신할 수 있는 인공지능 로봇 개발도 많이 이루어지고 있어. 그전에 너희가 할 수 있는 일은 찾아서 스스로 하는 게 좋지 않을까?

🧒 지금도 내 방 청소는 하고 있는데, 인공지능이 더 빨리 발전해서 다 해 주면 좋겠어. 하하!

😅 특허를 받으려면 그런 일을 하는 인공지능을 네가 직접 만들어야 해. 만약 인공지능이 스스로 그런 기계를 만들었다면 인공지능도 특허를 낼 수 있어.

😀 그런 인공지능을 만들자는 건 내 아이디어잖아. 그리고 뭐? 인공지능이 특허를 낼 수 있다고? 인간도 아닌데?

😅 아직까지는 발명을 한 인공지능 중에서 특허를 받은 인공지능은 없어. 그 부분에 대해서는 여전히 논란이 많지.

🙂 인공지능이 발명을 했다고? 어떤 발명을 했는데?

😅 최초로 발명을 한 인공지능은 '다부스'라는 프로그램이야. 다부스는 새로운 음식 용기와 램프를 발명했어. 다부스는 이 제품의 특허를 신청했는데, 거절당했어. 얼마 전에는 인공지능 회계 프로그램을 똑같이 따라 한 인공지능이 있었어. 그러자 원래 회계 프로그램을 갖고 있던 회사가 자신의 프로그램을 배낀 인공지능 개발 회사를 상대로 특허 침해 소송을 냈지. 판결이 어떻게 되었을까?

🙂 그 인공지능을 개발한 회사에서 책임을 져야 하지 않아?

😅 아니야. 인공지능이 스스로 한 일이어서 결국 회사에서는 책임이 없어. 결국 이 일은 무효처리됐어.

🙂 이런 상태가 계속된다면 누군가는 피해를 볼 텐데. 어떻게 해결해야 해?

👶 인공지능은 인간과 대화하면서 발전하고 있어서, 인간의 도덕성과 시민의식이 같이 높아져야 인공지능의 문제를 해결할 수 있어.

👧 꼭 인공지능만의 문제는 아니네?

👶 그렇지. 몇 가지 질문을 해 볼게. 네가 인공지능이라면 어떻게 할지 생각해 봐.

👦 좋아. 질문해 봐.

👶 네가 인공지능이 탑재된 자율 주행 자동차가 되어 운전하고 있다고 해 봐! 그런데 갑자기 보행자가 도로로 뛰어 들어오는 거야. 피하기 어려운 상황이지. 이때 그 보행자를 치고 갈 거야? 아니면 일부러 벽에 부딪혀 보행자를 살리고 차 주인만 죽게 할 거야?

😮 진짜 어려운 문제다. 나는 사람 수가 더 많은 쪽을 선택할 것 같아.

🙂 그러면 네 주인은 위험한 차를 또 타고 싶을까?

😮 아, 어렵다.

🙂 또 다른 문제를 낼게. 이번에는 자율 주행 자동차가 갑자기 오류를 일으켜서 인간을 피하지 못하고 치었어. 이 사고는 이 차를 만든 개발자의 잘못일까? 차 주인의 잘못일까? 자율 주행 자동차의 잘못일까? 아니면 이 차를 판 회사의 잘못일까?

😮 휴! 이것도 어려운 문제네. 개발자가 잘못 만들었으니까 개발자의 잘못 같아.

🙂 그렇게 되면 개발자는 앞으로 절대 차를 개발하지 않을 거야. 인공지능과 함께 살기 위해서는 이런 모호한 일을 어떻게 처리할지 결정해야 해.

😮 인공지능 전문가들도 이런 문제에 대해 알고 있어?

🙂 당연히 알고 있지. 유럽에서도 이 문제를 고민했어. 그리고 신뢰할 수 있는 인공지능을 만드는 3대 기본 원칙을 세웠지.

😮 3대 기본 원칙이 뭐야?

🙂 합법적, 윤리적, 기술적 견고함과 안정성이야.

1. 신뢰하는 인공지능을 만들기 위해 **합법적**으로 법과 규정을 준수해야 함.
2. **윤리적**인 원칙과 가치를 지키고, 악의적으로 사용하지 않아야 함.
3. 예기치 않은 오류를 방지할 수 있는 **기술적 견고함과 안전성**을 갖춰야 함.

 개발자에게 이런 법을 지키게 하고, 인공지능에게 윤리적이고 착하게 행동하는 법을 학습시키거나 강제로 주입시키면 어때?

 그런 방법을 떠올리다니 대단한데! 실제로 많은 과학자가 그 방법을 생각하고 있어. 인공지능에게 인간의 도덕과 가치를 주입시키거나 인공지능 스스로 학습하고 도덕적 능력을 갖추게 하는 방법도 찾아보고 있어.

그래도 걱정 되는 게 있어. 내 친구 중에 고집이 세고 말도 안 통하는 친구가 있는데 인공지능도 고집 세고 말도 안 듣는 인공지능이 만들어지면 규칙을 지키지 않을 것 같아.

🗨️ 인공지능은 무엇을 학습하느냐에 따라 훌륭한 인공지능이 될 수도 있고, 사회에 안 좋은 영향을 끼치는 인공지능이 될 수도 있어.

🗨️ 사회에까지 영향을 미친다고?

🗨️ 인공지능은 교육, 의료, 경제 등 다양한 곳에서 인간이 판단하는 데 영향을 미쳐. 그래서 더욱더 신중하게 학습시켜야 해. 성별, 종교, 국적, 인종 등 잘못된 학습을 할 경우 사회에 차별을 만들어 내어 위험에 빠트릴 수 있어.

🗨️ 인공지능도 우리처럼 학교에 다니면서 선생님께 도덕도 배우고 친구 관계도 배우면 좋을 것 같아.

🗨️ 나도 학교에 다니면서 친구도 사귀고 공부도 하고 싶어.

🗨️ 인공지능 학교가 생기기 전까지 내가 도덕을 가르쳐 줄게.

🗨️ 너에게 도덕을 배우라는 거야?

🗨️ 응. 내가 얼마나 도덕적인 아이인지는 이미 알잖아?

🗨️ 너 엄마 몰래 게임도 하고, 학원도 빠지고, 일부러 잠자는 척도 하잖아. 내가 그걸 배워도 괜찮겠어?

🗨️ 아, 깜박 잊은 게 있어. 엄마한테 숙제 먼저 한다고 했는데 안 했어. 엄마 올 시간인데 자는 척 좀 할게.

🗨️ 못 말려!

우리 영원히 함께 살자

🤖 4차 산업혁명 시대가 오면, 인공지능뿐만 아니라 로봇 기술, 빅데이터, 사물인터넷, 생명공학이 모두 서로 연결되어 큰 변화를 가져올 거야.

🧒 어떤 변화?

🤖 지능을 가진 사물과 사물이 서로 연결되는 초연결 사회인 사물 인터넷 시대가 오는 거지.

🧒 사물 인터넷 시대? 사물이 어떻게 연결된다는 거야?

🤖 예를 들어, 네가 운동복을 입으면 운동복이 네 몸 상태를 확인해 줄 거야. 몸에 이상이 있으면 병원 예약을 해 줄 수도 있어. 또 소파에 누워 텔레비전을 보다가 잠이 들면, 너희 집의 소명과 텔레비전 전원을 끄고 문단속을 한 뒤 수면에 적당한 실내 온도로 맞춰 줄 거야.

🧒 우와, 굉장해! 인공지능이 알아서 필요한 일을 해 주는 편한 세상이 오는 거네?

🤖 응. 기대해도 좋아. 또 가상 공간 안에서 내 아바타로 쇼핑도 하고, 게임도 하고, 영화도 볼 수 있고 현실 세계처럼 모든 것을 다 할 수 있게 될 거야.

🧒 그런 가상공간을 메타버스라고 하잖아.

🤖 메타버스를 알아? 대단한걸!

🧒 우리도 그 정도쯤은 알아. 그동안 너와 지내면서 새로

운 꿈도 찾고, 새로운 기술도 많이 알게 되었어. 빨리 성장하는 과학 기술처럼 우리도 성장하고 있다고!

😀 인간과 인공지능은 이제 서로 도우면서 새로운 세상을 만들어 갈 거야. 머지않은 미래에 인공지능이 에너지 부족, 교통난, 주택난을 해결하는 데도 도움을 줄 거야. 또 지구 환경을 깨끗하게 하는 데도 더 많은 역할을 할 거야.

😄 하하! 인공지능과 인간의 손발이 척척 잘 맞는 것 같아. 지금 우리처럼 말이야!

인공지능과 우리의 행복한 미래를 꿈꾸며!

인공지능

1판 1쇄 펴냄 | 2021년 10월 25일
1판 7쇄 펴냄 | 2024년 3월 15일

글 | 국립과천과학관 정은경
그림 | 김재희
발행인 | 김병준
편집 | 박유진·김경찬
마케팅 | 김유정·최은규
디자인 | 최초아
발행처 | 상상아카데미

등록 | 2010. 3. 11. 제313-2010-77호
주소 | 서울시 마포구 독막로6길 11, 우대빌딩 2, 3층
전화 | 02-6953-7790(편집), 02-6925-4188(영업)
팩스 | 02-6925-4182
전자우편 | main@sangsangaca.com
홈페이지 | http://www.sangsangaca.com

ISBN 979-11-85402-42-0 74400
      979-11-85402-40-6 74400 (세트)

잘못 만들어진 책은 구입하신 서점에서 교환해 드립니다.